Con tu idea de negocio ¿ganarás o perderás dinero?

JOSE ARGUDO BLANCO

Copyright © 2020 Jose Argudo Blanco

Todos los derechos reservados.

ISBN: 9798693637603

DEDICATORIA

A Silvia, por animarme siempre.

PARA QUIÉN ES ÚTIL ESTE LIBRO

¿Tienes una idea de negocio a la que no paras de darle vueltas? ¿Te estás planteando emprender y dejar tu trabajo actual? O incluso es posible que ya te hayas lanzado y te encuentres en los primeros meses de vida de tu negocio.

En estos momentos, mientras piensas en crear tu negocio, es posible que sientas diversas sensaciones:

- Ganas de ponerte a trabajar en tu idea de forma inmediata.
- Anticipación ante la idea de vivir de tu negocio y abandonar los problemas que tengas ahora.
- Incluso ganas de comerte el mundo y crear una empresa de éxito.

Todo esto sería lo normal. Y también ¿por qué no? Algunas dudas e inseguridades. Pues eres consciente de que a veces los negocios no salen bien.

Habiendo pasado por ese proceso varias veces, te comprendo.

Este libro no va de palabras de ánimo, ni de desanimo, no encontrarás nada de eso. Hay otros, muchos, libros centrados en animarte a llevar a cabo tu idea pase lo que pase y sin analizar antes su viabilidad.

Este no es de esos libros.

Tu idea de negocio es algo propio, algo tuyo, tu eres quien debe decidir si te lanzas ya, si esperas a otro momento, o buscas otra idea que creas que funcionará mejor.

Mira, toda persona a la que le pidas consejo sobre tu idea

entra dentro de una de estas tres categorías:

- Es tu socio/a y te va a animar, pues tiene los mismos intereses que tú.
- Es una persona externa a tu idea, pero de tu entorno cercano (amigo, familiar...) y te animará o desanimará desde una perspectiva ajena a tu idea. Prejuzgando la misma desde su perspectiva y aconsejándote desde lo que, ellos, creen que es mejor para ti. O peor, diciéndote solo lo que creen que quieres oír.
- O puede ser un asesor, coach, mentor, etc. Que puede tener cierto interés personal en que lances tu negocio. Como venderte un curso de emprendimiento, un libro, etc.

Nada de esto te servirá de mucho.

Y es muy probable que cuantas más opiniones pidas menos claras tengas las cosas.

Este libro va de que tomes la decisión tú.

Y para que lo hagas con garantías en este libro vamos a analizar tu idea de negocio de forma objetiva. Porque sí, para crear un negocio hay que tener pasión y dedicación. Pero para valorar su viabilidad es mejor mirarlo con detenimiento. Una vez hayas tomado la decisión, será el momento de trabajar con pasión, antes no.

Por lo tanto la misión de este libro es solo una:

- Darte las herramientas para que analices tu idea y tomes la mejor decisión para tu vida profesional, personal y tu dinero.

Y sobre todo, que lo hagas antes de haber arriesgado tu

dinero y tu tiempo. Antes, no después.

Te cuento mi experiencia personal en la introducción, porque de los errores se aprende. Pero mejor aprender de los errores de los demás, sobre todo sin incluyen perdida de dinero.

Tu idea de negocio

CONTENIDO

1	Las 12 preguntas clave para valorar tu idea de negocio	3
2	Primeras impresiones después de las 12 preguntas clave	25
3	Investigación del mercado objetivo y posibles barreras de entrada	35
4	Detalles del mercado interesantes para los inversores	50
5	Análisis D.A.F.O	55
6	Conclusión final del bloque	60
7	¿Tienes forma de "probar" tu idea de negocio?	67
8	¿Qué necesitas para llevar a cabo tu idea de negocio?	74
9	Presupuesto disponible y gastos previstos	79
10	Fórmula de cálculo de previsión de ventas	91
11	El precio y posible modelo de negocio	102
12	Escalabilidad	116
13	Conclusión final de bloque	120
14	Presupuesto para marketing	128
15	Software y servicios	136
16	Posibles barreras de salida en los proveedores actuales	141
17	Objeciones y fricciones	146

18	Propuesta de venta y slogan	151
19	Estrategia de viralización y fidelización	155
20	Viralización	160
21	Conclusión final del bloque	165
22	Los puntos clave	168
23	Otro libro de interés	175
24	Agradecimientos y mis mejores deseos	177
25	Acerca del autor	179

INTRODUCCIÓN

En el año 2007 me di de alta de autónomo abandonando así la "seguridad" de mi trabajo de oficina. Por supuesto con las advertencias de familiares en contra de abandonar un sueldo seguro y unos horarios fijos.

Por mi parte, realmente pensaba que iba a dedicarme a lo mismo que hasta entonces, desarrollo y programación web, pero con la diferencia de que ahora mi jefe iba a ser... el cliente final. Sin intermediarios, y sin que otros se llevasen mis éxitos como si fuesen suyos.

En realidad los motivos del cambio fueron de carácter más bien personal. Sobre todo ganar tiempo, pues hasta entonces dedicaba unas 5 horas al día entre viajes, y tiempos de espera inútiles debidos a una jornada partida sin mucho sentido en un trabajo de programación web en el cual no tenía contacto con los clientes...

Lo cierto es que me fue bastante bien, y algunos años después me encontraba realizando más de 30 proyectos al mes, entre proyectos que llegaban a mi propia página web, y otros de colaboradores habituales que confiaban una y otra vez en mis servicios.

Como siempre he sido bastante inquieto, en ese momento pensé ¿por qué no invierto algo de dinero en desarrollar una plataforma / marketplace de venta de plantillas web? Y así tengo un proyecto secundario, ya que ahora las cosas me van bien, pero mañana no se sabe.

En el año 2010 esto parecía una buena idea, o si no buena, al menos no muy mala. Es decir, según mi perspectiva, todavía había margen para este tipo de proyectos, sobre todo en el mercado Español, pues no había nada parecido.

Como yo no tenía tiempo para realizar el desarrollo, decidí externalizar la gestión, aunque por aquel entonces yo no tenía mucha experiencia en eso.

Bien, después de invertir unos **3.000 €** el proyecto no parecía tomar forma, el equipo de desarrollo que subcontraté no terminaba de hacer las cosas como yo quería, dándome largas y asegurándome que corregirían todos los problemas. Por supuesto no paraban de pedir más dinero para avanzar, pues las horas presupuestadas inicialmente no eran suficientes.

Me encontraba en la típica, y peligrosa situación:

- Abandonar en ese momento y perder todo el dinero invertido.
- O invertir más dinero e intentar terminar el proyecto, lanzar el negocio y recuperarlo.

No tenía nada claro que opción sería la mejor. Tenía la intuición de que iba a perder el dinero, pero aún conservaba cierta esperanza de poder acabar el desarrollo y lanzar el proyecto.

Por supuesto, ni siquiera pensaba que una vez terminado el desarrollo, para que el proyecto funcionase, tendría que invertir en marketing.

Al llegar a casi **7.000 €** invertidos en mi idea de negocio, decidí que era mejor parar, la situación no mejoraba y no parecía que fuese a llegar a buen puerto. Era triste, después de dedicar mucho tiempo y dinero.

Quizá te parezca que no era una inversión demasiado grande, sobre todo si la comparamos con algunas startups, pero para mí, sin inversores externos, lo que estaba invirtiendo era el dinero que ganaba trabajando cada día, y poco a poco mi idea de negocio iba perdiendo su atractivo. **Solo podía pensar en todo el dinero que estaba gastando, y que no paraba de trabajar para darle el dinero a otros, cada vez con menos esperanza de recuperarlo.**

Tomé una de las decisiones más difíciles cuando has invertido una cantidad de dinero que consideras importante:

- Abandonar la idea de negocio y afrontar la pérdida económica.

No fue fácil, y desde luego no me gustó tener que tomar esa decisión. Los fracasos no le gustan a nadie.

En cualquier caso, tuve la suerte de poder recuperar la pérdida económica (con el tiempo y trabajando más que bastante).

Después de eso seguí trabajando como autónomo, al principio igual, en temas de programación, y después como encargado y asesor de marketing online para empresas. Algo que sigo realizando hasta la fecha.

Durante estos años he podido lanzar, o desarrollar, diversas ideas de negocio, la mayoría con bastantes buenos resultados, desde formación hasta una agencia de gestión de campañas de Google Ads (que estuvo funcionando con éxito durante 3 años y luego se disolvió por decisión y temas personales de los socios).

Está claro que a veces se gana y a veces se pierde, pero en resumen considero que no me ha ido nada mal.

Por supuesto además de mi propia experiencia, durante estos años he podido asesorar a muchas pequeñas empresas y emprendedores/ras.

Todo lo que he aprendido, lo comparto ahora contigo, con el deseo de que te ayude a ganar dinero con tu idea de negocio. No perder dinero, ganar.

Y, sobre todo, que puedas disfrutar de desarrollar tu idea de negocio, sin la sombra de la duda siempre en tu cabeza.

BLOQUE 1º - VALORAR LA IDEA DE NEGOCIO

Tu idea de negocio

1 LAS 12 PREGUNTAS CLAVE PARA VALORAR TU IDEA DE NEGOCIO

Este es de los capítulos más largos de este libro, y por un buen motivo. Es importante que respondas a las siguientes preguntas de la forma más objetiva posible. Como si no fuera tu propia idea de negocio. Como si estuvieras valorando la idea de otra persona.

Dedica todo el tiempo que sea necesario, si te hacen falta varios días, pues varios días. Esta es la base sobre la que podemos trabajar, por eso es el primer capítulo, y bueno, son solo 12 preguntas así que, comencemos:

1) ¿Qué problema del cliente soluciona tu producto o servicio?

Esto es lo primero que tienes que tener claro. Si tienes una idea de negocio, tiene que haber una necesidad real detrás, o será muy difícil de comercializar. Si, ha habido casos de productos comercializados en base a falsas necesidades, o falsas soluciones. Pero espero que ese no sea tu caso.

Intenta siempre ahondar lo máximo en la necesidad del cliente, en lo fundamental, básico y esencial.

Por ejemplo, si vas a lanzar una agencia de gestión de redes sociales, de entrada puedes pensar que tu servicio:

- Resulta en una profesionalización de la gestión de las redes sociales.
- Un ahorro importante de tiempo para el cliente.
- Aumento de la visibilidad del producto o servicio del cliente.
- Y también un posible incremento de las ventas.

De todos los puntos que puedas sacar de tu producto, de todo lo que podría llegar a solucionar ¿cuál es el problema principal que preocupa al cliente? Es decir, de todo esto ¿por cuál de esas cosas pagaría para solucionarla?

En este caso es muy posible que lo que más le interese solucionar sean las ventas, pues si tiene un negocio **la necesidad de vender será algo fundamental ¿no?**

Este análisis lo puedes realizar con cualquier producto o servicio, sea cual sea.

Imagina que tu idea de negocio es ser fotógrafo/a de bodas. Evidentemente la necesidad que cubres, el problema que solucionas, es realizar unas fotos de boda de forma profesional. Habrá más cosas que haces, claro, pero eso sería lo básico.

¿Por qué? ¿Cuál es el motivo, la necesidad del cliente? Está claro que solo hacer fotos no puede ser, porque eso lo podría hacer cualquiera de los familiares o amigos (no con el mismo nivel de profesionalidad, claro, pero a nivel de posibilidad, digamos que sería posible).

Y eso nos lleva a que debe de haber algo más, otros motivos detrás, que debes comprender, como podrían ser:

- La realización de unas fotos de mayor calidad (mucha más), basándonos en mejores medios, experiencia, etc.
- Una mejor elección de ambientes y poses, basándonos en la experiencia profesional.
- Y la edición profesional de las fotos (luz, color …)

¿Por qué quiere el cliente todo esto? ¿De qué le sirve? En mi opinión, principalmente para:

- Idealizar un recuerdo único, el evento de su boda.
- Tener unas fotos de calidad superior que pueda enseñar a otras personas (amigos, familiares). Esta es importante.

Es decir, no se está contratando para una necesidad actual, aunque pueda parecer que sí. Ni para un problema básico *"hacer fotos"*. Si no para necesidades futuras como pueden ser:

- Enseñar a los demás lo bonita que fue su boda (a la gente le encanta enseñar sus fotos de boda).
- Y, en el futuro, con los años, recordar un evento querido que quizá se va difuminando en el tiempo

El cliente lo verá como una inversión de futuro que ofrecerá muchos momentos agradables, en el futuro, no como la solución a un problema puntual y actual.

Bueno, en cualquier caso son solo ejemplos. Lo importante es que te quedes con lo fundamental, la necesidad de analizar al máximo la necesidad "real" de tu cliente que soluciona tu producto o servicio.

¿Ya lo tienes claro? Avanzamos.

2) ¿Por qué es una solución mejor que lo que había hasta ahora?

Las posibilidades de inventar algo totalmente nuevo son bastante reducidas, lo más probable es que tu idea de negocio sea bastante similar, al menos en la base, a otros negocios ya existentes. Aunque mejore lo existente de alguna forma, o de varias.

No pasa nada.

Si tienes "algo", lo que sea, que te pueda diferenciar de la competencia como pueden ser:

- Procesos productivos especiales.
- Materiales diferentes, de calidad, reciclados …
- Tu propia experiencia o la de tu equipo.
- Un modelo de negocio diferente.

Tienes que tenerlo todo en cuenta, aunque tu idea esté basada en algo que ya existe considera en qué aspectos mejoras lo ya hay.

Considéralo desde la perspectiva del cliente ¿por qué comprará tu producto o contratará tu servicio en lugar de ir a la competencia? Esa es la clave.

O incluso:

- ¿Por qué contratar o comprar tu producto en lugar de dar solución a su necesidad por sus propios medios? (En caso de que sea posible).
- Y ¿por qué solucionar el problema en lugar de dejarlo pasar e ignorarlo? Esta es importante.

Como explico en mi libro *"Textos de venta más efectivos"*, en el proceso de compra vas a encontrar objeciones por parte del cliente. Por eso tienes que tener claro qué le aporta tu producto o servicio al cliente:

- ¿Por qué es mejor que las alternativas de la competencia?
- ¿Por qué es mejor que si el cliente lo hace por sí mismo?
- Y ¿por qué es mejor que ignorar el problema sin más?

¿Qué mejora aporta tu solución ante cada una de estas situaciones? Y ¿en qué mejorará la situación del cliente (incluyendo su situación personal) cuando haya comprado tu producto o contratado tu servicio?

Y ya que lo hemos mencionado.

3) ¿Qué competidores existen?

Las posibilidades de que tu idea de negocio se dirija a un mercado sin competidores son realmente bajas, casi inexistentes en realidad. El mercado estará más o menos saturado, pero casi siempre habrá competidores. Y por supuesto alternativas.

Por lo que no es mala idea que les eches un ojo a tus futuros competidores, para conocerlos y ver en qué destacan:

- ¿Cuál es su propuesta de venta? ¿qué destacan de su producto o servicio?
- Y el diferencial de su producto o servicio respecto al resto de competidores.
- Sus precios.

- Etc.

Intenta obtener toda la información posible ahora, es un buen momento, ya que este conocimiento será la única forma de, en un futuro, poder contrarrestar sus estrategias de marketing, y quizá plantear tus propias campañas en nichos que ellos no ocupen.

No te quedes solo en un análisis de los competidores directos.

En casi todos los sectores podemos encontrar productos sustitutivos. Por ejemplo si quieres lanzar una academia de matemáticas para niños/as no solo estás compitiendo con otras academias de matemáticas, aunque sea lo primero que puedas pensar.

Algunos de tus clientes potenciales es posible que sí busquen una academia de repaso de matemáticas sí o sí. Y no les sirva ninguna otra alternativa.

Otras personas es posible que busquen simplemente una actividad extraescolar, y cualquiera les sirva. Quizá en lugar de repaso de matemáticas se decidan por repaso de inglés.

¡O incluso atletismo!

Ya van apareciendo más competidores ¿ves? Y no acaba aquí la cosa. En lugar de una academia de repaso de matemáticas tu cliente potencial puede elegir:

- Un libro de ejercicios de repaso de matemáticas.
- Una APP online de refuerzo de matemáticas.
- O pedir la ayuda de algún familiar.

Lo cierto es que hoy día lo que no faltan son alternativas. Tu misión entonces es doble

- Detectar todos tus competidores y alternativas.
- Analizar y plantear porqué tu solución es mejor que el resto.

Considera pues que tu cliente tiene muchísimas opciones (entre ellas no hacer nada), y que por lo tanto has de conocer bien el mercado en el que vas a lanzar tu negocio.

Y también las necesidades de los clientes, porqué tienen esas necesidades y las opciones que tendrían para darles solución. Y como les afectaría ignorarlas y no darles solución.

Como estás viendo hasta ahora, va a haber algo muy importante que debes tener claro para plantar cara a la competencia y destacar en un mercado donde se encuentren más competidores. Se trata de tu elemento diferenciador principal.

4) ¿Cuál es tu diferencial clave?

Sí, se que crees que esto ya lo hemos visto en los puntos anteriores. Ten paciencia, sigue conmigo. Lo primero repasa las notas que tienes hasta ahora.

Cuando definiste por qué tu producto es la mejor alternativa al problema del cliente ¿por qué fue? ¿Cuál es el motivo por el que tienes la seguridad de que tu producto o servicio es mejor? ¡No sirve solo pensar *"porque es mejor"*! Eso es normal que lo pienses, pero imagínate que eres el cliente.

Cuál es ese beneficio de tu producto o servicio que cuando el cliente lo ve piensa – *"¡Esto es lo que necesito sin lugar a dudas!"* –

Es más, el beneficio que cuando tu cliente se encuentra comparando diferentes alternativas piensa – *"claramente esta es la mejor opción para lo que quiero."* —

El diferencial clave es casi siempre lo primero que ve tu cliente potencial cuando llega a tu web.

Y le hace quedarse para saber más.

Es decir, si tuvieras que resumir el beneficio máximo de tu producto en unas pocas palabras, que además tus competidores no tienen, ese sería el diferencial clave.

Vale la pena que le des todas las vueltas necesarias a tu idea de negocio, hasta que tengas eso claro. Bien, una vez que lo tengas claro y anotado revisa a tus competidores. De entre toda tu competencia **¿hay algún competidor que comparta tu diferencial clave?** En ese caso ya no sería un diferencial ¿no?

Si es así es mejor detectarlo ahora, y no después del lanzamiento de tu producto o servicio.

Y vamos a suponer que tu diferencial es único, que ningún competidor lo tiene, y que cuando tu idea de negocio sea realidad tu producto o servicio sea el único con esa característica o beneficio.

Esta situación sería ideal de cara a la comercialización, porque se podría realizar una estrategia de marketing realmente efectiva y diferenciadora. Algo que suele ser mucho más rentable que promocionarte de forma idéntica a las demás soluciones que haya en el mercado.

Así que piensa también:

> **¿El diferencial es algo que tus competidores podrían copiar si lo ven interesante o lo desean? ¿Sería muy difícil de copiar? ¿Llevaría mucho tiempo?**

La posibilidad de que copien tu diferencial existe, por supuesto.

Si un competidor detecta que el diferencial con el que comercializas tu producto es interesante, que te está dando una gran ventaja, podría intentar copiarlo. Y si se trata de un competidor establecido, con posibilidades económicas, podría tener cierta ventaja si el diferencial es fácil de copiar.

A ver, casi todo se puede copiar. Lo ideal es tener algo que sea medianamente difícil de copiar, y que te dé tiempo a asociarlo como algo único y propio de tu marca. O al menos como la marca original que tuvo ese beneficio o característica.

Esto no es fácil, pero creo que es muy importante que tengas en cuenta este punto para evitar diferenciales como:

- Ofrecemos la máxima calidad.
- El más barato.
- El mejor del mercado.

Esto, no nos va a servir. Pero no te preocupes ahora demasiado, más adelante veremos, en el capítulo oportuno, más en detalle cómo valorar el diferencial.

Ahora que hemos hablado del diferencial, no está de más que mires si

5) ¿Existe una marca competidora que sea líder del mercado, favorita de los clientes?

Es posible que el mercado al que te vayas a dirigir esté completamente equilibrado, con los competidores existentes abarcando cuotas de mercado más o menos similares. Sin embargo lo más frecuente es que existan una o varias marcas que sean favoritas de los clientes. Lo que se conoce como un líder del mercado, que dispone de una cuota de mercado considerablemente mayor que el resto de competidores.

Estas marcas suelen:

- Contar con un gran volumen del mercado objetivo como hemos dicho.
- Así como con una base de clientes fieles a la marca o producto.
- O como mínimo clientes que confían en la calidad de sus productos y suelen recomendarlos de forma proactiva.
- Y por supuesto son marcas con la capacidad económica para responder a nuevos competidores desarrollando campañas de marketing de forma frecuente y en respuesta a la aparición de nuevos competidores.

Sabiendo esto comprenderás que es importante que detectes a esas marcas líderes y respondas a la pregunta:

- ¿Por qué motivos prefieren los clientes estas marcas por encima de otras?

Es posible que sea por el propio valor de la marca. Una marca reconocida que genera confianza y seguridad en los clientes potenciales. O que sea una marca de prestigio.

Todo eso es posible, aunque también puede ser que haya "algo" que les motive a comprar. Alguna característica del producto, un beneficio por el cual buscan esa marca en concreto y no cualquier otra.

Valora si tu idea de negocio también incluirá algo así, o en caso de que no ¿cómo mostrarás tu producto como una alternativa?

Quizá sabiendo eso puedas plantear una estrategia para dirigirte a un nicho de ese mercado que, por algún motivo, no esté interesado en esa marca.

Esto es algo que normalmente harás si el mercado objetivo está muy saturado de competidores. Intentarás buscar algún nicho que no encuentre en los competidores presentes la solución ideal a sus problemas y necesidades. Desarrollar un producto de nicho puede ser muchas veces la única forma de entrar en un mercado saturado.

6) ¿Cómo se publicitan los competidores?

Conocer a la perfección a tu competencia, en el mundo online, puede ser la diferencia entre que tu idea de negocio sea un éxito, o no. Hablamos de ganar dinero o perder la inversión.

Hasta ahora, en las anteriores preguntas hemos visto, de los competidores, sus características y beneficios, así como sus diferenciales clave. Ahora es el momento de estudiar:

- Donde se publicitan, qué herramientas utilizan, como Google Ads, Instagram, Influencers. Es decir, tú donde ves que tus competidores aparecen ¿cómo los encuentran los clientes?
- ¿Qué tipo de contenidos publican en sus redes sociales? ¿En qué canales?
- Sus anuncios ¿en qué se centran? ¿Qué destacan?
- ¿Realizan un marketing agresivo? ¿Ofertas, descuentos, promociones?

Si pasas mucho tiempo estudiando a tus competidores, estás aprovechando bien el tiempo. Esta es la forma de conocer la situación, en cuanto a la competencia por lo menos, en la que se encontrará tu producto cuando salga al mercado.

Intenta aprender todo lo posible de tus competidores pues a veces descubrirás que no todo lo que ofrecen es lo que parece. Quiero decir, que quizá tengan limitaciones, o requisitos concretos (ej.: solo funciona si se utiliza de esta forma…), que evidentemente no estarán publicitando, pero que puedes descubrir.

También observa si algunos competidores aparecen con sus anuncios en las búsquedas de otros competidores. Eso quiere decir que están invirtiendo dinero para aparecer cuando los clientes buscan a los competidores. Es un marketing bastante agresivo, pero que hace sus productos visibles cuando los clientes buscan otros.

Y es muy posible que hicieran eso con tu producto o servicio cuando lances tu proyecto.

7) Tu cliente objetivo

Es muy probable que cuando tuviste tu idea de negocio pensases en *"para qué"* iba a servir. Es decir, el problema o necesidad que soluciona.

Esto es muy normal hacerlo así, voy a desarrollar el producto X para solucionar el problema Y.

Ahora bien, los problemas los tienen las personas.

Entonces tienes que responder preguntas personales, ¿cómo es tu cliente/a objetivo? Tendrás que imaginar cómo es esa persona que tiene el problema que tu producto soluciona.

Piensa en todos los detalles posibles:

- ¿Por qué tiene ese problema? ¿Cómo surge?
- ¿Por qué no le ha dado solución hasta ahora? ¿Ha sido porque no sabía? ¿Porque no quería? ¿No conocía una posible solución?
- ¿Quizá ha intentado darle solución y no lo ha conseguido? ¿Ha tenido problemas con otras posibles soluciones?
- ¿Qué espera conseguir con tu producto? La solución a su problema, eso está claro, **pero, en lo personal ¿qué conseguirá al solucionar el problema?**

Piensa que muchos clientes tendrán ya una historia detrás, y habrán probado otros productos, marcas, soluciones. Es decir, habrán intentado solucionar el problema de alguna forma.

En algunos casos puede que estén contentos con su proveedor actual, y tu objetivo será demostrar que tu solución es mejor y que deberían de cambiar.

O quizá han probado algunas alternativas sin éxito y ya no confían en ninguna, con lo que tendrás más trabajo para intentar convencerles de volver a probar.

¡Muy importante!

En toda compra hay un factor personal que debes considerar. Por ejemplo el autónomo que contrata un servicio de facturación para ganar tiempo, quizá lo hace para pasar más tiempo con su familia, o para tener más tiempo para hacer deporte.

Las personas que compren tu producto o servicio ¿qué relación personal pueden tener en relación a tu producto? No te digo que te imagines todas y cada una de las posibles situaciones. Pero cuando estés planificando tus campañas de marketing, te será de mucha ayuda tener en mente lo que podría llamarse *"tu cliente habitual"*.

Dale algunas vueltas, y luego extiende el conjunto hasta plantear tu:

8) Mercado objetivo

Esto no es solo una persona, si no un conjunto de ellas. Tu mercado objetivo refleja conceptos como la ubicación geográfica, nivel educativo, gustos, preferencias.

Por ejemplo, puedes tener en cuenta la ubicación si, aunque tu producto se comercialice online, no te es posible o no te interesa realizar envíos a ciertas localizaciones.

Además de una ubicación, gustos, tu mercado objetivo puede situarse en un rango de edad concreto. O incluso en un segmento de población en particular, con unas necesidades concretas.

¿Por qué analizar todo esto? Porque lo vas a necesitar, lo vas a necesitar para comercializar tu producto o servicio, e incluso para valorar la viabilidad de tu idea de negocio.

> **Necesitas que el mercado al que te diriges sea lo suficientemente grande como para que tu producto sea viable. Esto va a tener relación con los costes de producción, precio, etc. Pero intenta analizar el tamaño del mercado.**

Vamos a ver un ejemplo, algo absurdo pero útil.

¿Recuerdas el ejemplo que vimos antes sobre la academia de matemáticas? Bien, ahora vamos a imaginar una novedosa idea de negocio en la cual no solo el niño o niña asiste a la clase de repaso, si no que la madre o el padre también. De forma que el adulto asiste a la explicación y será capaz luego en casa de ayudar a su hijo.

Esta idea de negocio se plantea, vamos a imaginar, con el objetivo del ahorro. Los pequeños no necesitan asistir a muchas clases porque sus padres/madres luego podrán ayudarles en casa gracias a los conocimientos adquiridos (no juzgues la idea, es solo un ejemplo).

Bien, a nosotros inicialmente nos puede parecer una idea muy buena ¿quién no quiere ahorrarse un poco de dinero? Mucha gente está interesada en ahorrar, y eso es justo lo que ofrece nuestra idea.

Ahora tendríamos que plantearnos a nuestro cliente objetivo, que muy resumido podría ser alguien que:

- Se preocupa por sus hijos e hijas, por su educación.
- Pero que quiere, o necesita, ahorrarse algo de dinero, por el motivo que sea.
- Y cuenta con la posibilidad de ayudar a sus hijos en casa, es decir, dispone de tiempo para ello.

El estudio y análisis de nuestro mercado objetivo debe ayudarnos a valorar si encontraremos un segmento de clientes potenciales lo bastante numeroso como para que nuestra idea sea rentable al precio que la vamos a establecer.

Tendremos que analizar la sociedad a la que nos dirigimos:

- ¿Es habitual que el padre o la madre tengan tiempo para hacer los deberes con sus hijos?
- ¿Disponen del nivel educativo suficiente?
- ¿Lo ven deseable o prefieren que los niños sean autosuficientes? Los usos y costumbres son muy importantes, tenlo en cuenta.

Como ves hay mucho a considerar, y aún tendríamos que revisar:

- Factores económicos.
- Tendencias.
- Costumbres sociales.
- Expectativas de la sociedad.
- Etc.

Hasta determinar si el mercado objetivo está formado por el volumen requerido de personas.

Sabiendo eso puedes hacerte una idea de si el mercado objetivo:

- Ya existe en la actualidad.
- Si es un mercado maduro (potencialmente con competidores), con un volumen de clientes potenciales razonable.
- Si está creciendo o decreciendo.
- O incluso si te tocará crear el mercado objetivo, es decir, tendrás que mostrar una necesidad existente, pero escasamente percibida (complejo pero potencialmente muy rentable).
- Etc.

Aquí entramos dentro del concepto del

9) Grado de aceptación social del producto o servicio

Piensa en el ejemplo anterior. Si en la sociedad en la que nos encontramos la mayoría de personas creen que los niños y niñas han de ser autosuficientes con sus deberes, que tienen que hacerlo por si mismos con lo que les explican en clase, en este caso, sin duda lo tendremos difícil.

Será necesario:

- Mostrar los beneficios y puntos fuertes de nuestra solución respecto a lo establecido.
- Rebatir los supuestos puntos negativos, normalmente con mucho dinero invertido en marketing, y tiempo.

Considera eso sí que cambiar e influir en la sociedad es muy costoso en tiempo y dinero. Por correctas y positivas que sean tus ideas. Y al final puede que incluso no lo consigas.

La mayoría de ideas de negocio, sin embargo, no son tan radicales como para que te preocupe la aceptación social, o sea un factor determinante en la viabilidad de tu idea de negocio.

Eso sí, plantéate que toda desviación en lo que se considera aceptable socialmente hará que sea un poquito más difícil la comercialización de tu idea de negocio.

Muchas veces será cuestión de volumen, es decir, de conseguir una base inicial de clientes que te ayude a crecer. Que compren tu producto o servicio, que hablen de él, que lo recomienden. En definitiva conseguir una visibilidad para que tu producto o servicio se vaya viendo como algo natural, y no algo raro y extraño.

Si tu idea de negocio es muy diferente a todo lo existente hasta el momento tendrás que convencer primero a los *"primeros compradores"* o *"early adopters"*, clientes más dispuestos a probar productos novedosos.

Y bueno, lo de novedoso no tiene solo porque ser el producto, tienes que considerar el

10) Modelo de negocio

En relación a la aceptación social, el modelo de negocio también puede afectar, y bastante. Fíjate en un modelo tan tradicional como la venta de coches. Y cómo cambia al pasar a un modelo de renting.

El *"producto"* es el mismo, pero el modelo de negocio lo cambia todo.

Y aún hoy en día podrás encontrar muchas personas reticentes a pagar por un vehículo que nunca será suyo (a pesar de los posibles beneficios).

El modelo de negocio puede hacer que tu idea funcione de forma totalmente diferente.

Por ejemplo, pasar de un modelo de pago normal a un modelo de suscripción lo cambia todo. De forma que incluso aunque tu idea de negocio no sea diferenciadora, con el modelo de negocio adecuado puedes distinguirte de tus competidores.

Dale bastantes vueltas a este punto, muchos modelos de negocio *"raros"* hace algunos años ahora son bastante frecuentes:

- Modelo de suscripción.
- Freemium (acceso gratuito, pero se paga por extras o funciones avanzadas).
- SaaS (software como un servicio).
- Crowdfunding.
- Plataformas.
- Etc.

Elegir entre unos u otros va a depender también de tu idea de negocio.

11) Si ya has puesto en práctica tu idea ¿Cuáles han sido los resultados? ¿Qué acciones de marketing has llevado a cabo?

Es posible que en el momento de leer este libro ya hayas puesto en práctica tu idea de negocio. O al menos dado algunos pasos.

Espero que las preguntas que hemos ido viendo te hayan ofrecido ideas.

En todo caso si tu idea de negocio ya está en marcha, es buen momento de valorar los resultados que has tenido hasta ahora y, ya sean positivos o negativos, qué relación tienen estos resultados con lo que hemos visto en las preguntas anteriores. Porque seguramente habrá alguna relación.

Pero no saques conclusiones precipitadas, aún nos queda mucho por delante para poder tomar la decisión más adecuada para esta situación.

Bueno, además de los resultados obtenidos hasta el momento repasa las acciones de marketing que hayas realizado hasta la fecha. Aunque haya sido poner algunos tuits o publicaciones de Facebook.

No es necesario que sea algo de tipo profesional o planificado, aunque si has invertido ya alguna cantidad de dinero, sin resultados, es bueno que lo tengas en cuenta, para ir pensando los motivos.

Por ejemplo, si no habías buscado un diferencial clave consistente, sería normal que las campañas de marketing que hayas realizado no hayan sido todo lo rentables que podrían haber sido. O incluso es posible que no hayas conseguido ningún resultado.

Es decir, el problema no tiene porqué estar en tu idea de negocio, si no en la estrategia de marketing que has empleado hasta el momento. Por eso, todavía no te preocupes.

Y vamos con la pregunta número 12.

12) ¿Tienes capacidad de invertir en el desarrollo del producto? ¿Y en marketing?

Lo cierto es que, por buena que sea tu idea de negocio, vas a necesitar invertir dinero en la misma. En varios aspectos:

- En el continuo desarrollo del producto o servicio. Es muy posible que una vez lances tu negocio, en base a lo que vayas percibiendo de los clientes, te des cuenta de que necesitas hacer algunos cambios, o añadir algo más.
- Y en marketing, para que tu producto consiga la visibilidad necesaria para su comercialización. Esto es al realmente indispensable, necesitas vender.

Es muy necesario que dispongas de presupuesto para estos puntos. Aunque creas que tu producto está listo en su lanzamiento, **es posible que con el contacto con los clientes veas cosas que necesitan corregirse o mejorarse.**

Es más, es posible lanzar negocios no finalizados al 100% justamente para eso, para ver cómo reaccionan los clientes y, partiendo de una funcionalidad básica, ir ampliando el servicio ofrecido con los comentarios y opiniones que se van obteniendo.

Poder invertir en esa adaptación puede ser esencial para tu producto o servicio. Igual pasa con las acciones de marketing. Un nuevo producto o servicio necesita visibilidad para que los clientes potenciales lo encuentren.

Tienes que considerar que si tu producto es nuevo y nadie lo conoce, algo tendrás que hacer para llegar tú a los clientes.

Antes de continuar

Repasa todas las preguntas que hemos ido viendo. Ahora que sabes cuales son todas es posible que puedas responder más en profundidad, o desde diferentes puntos de vista. Te las dejo aquí para que vuelvas a pensar en ellas:

- ¿Qué problema del cliente soluciona tu producto o servicio?
- ¿Por qué es una solución mejor que lo que había hasta ahora?
- ¿Qué competidores existen?
- ¿Cuál es tu diferencial clave?
- ¿Existe una marca competidora que sea líder o favorita del mercado?
- ¿Cómo se publicitan los competidores?
- ¿Tu cliente objetivo?
- El mercado objetivo
- Grado de aceptación social del producto o servicio
- Modelo de negocio
- Si ya has lanzado tu idea de negocio, ¿qué resultados has observado hasta ahora?
- ¿Tienes capacidad de invertir en el desarrollo del

producto, y en marketing?

Hazlo de forma seria y razonada. En mis sesiones de asesoría he podido comprobar que al responder a estas preguntas muchas personas **veían su idea de negocio desde perspectivas en las que no lo habían hecho hasta ese momento.**

Como te dije al principio, esto es importante hacerlo de forma lo más objetiva posible. Inténtalo.

2 PRIMERAS IMPRESIONES DESPUÉS DE LAS "12 PREGUNTAS CLAVE"

Vamos a recapitular un poco, y profundizar en algunos conceptos clave que hemos visto hasta ahora.

No te preocupes pues aún no tienes que tomar ninguna decisión. Nos queda trabajo en el primer bloque donde veremos más puntos interesantes e importantes para valorar tu idea de negocio. Hasta ahora solo hemos arañado la superficie.

Aunque en mi experiencia he podido comprobar que, en muchos casos, y en un primer momento no es necesario profundizar mucho, y que con las primeras 12 preguntas es posible hacerse una idea básica general básica de la viabilidad de la idea de negocio, esto ha sido sobre todo en asesorías donde he aportado mi experiencia y valoración al ver las respuestas a las mismas.

Para este libro, vamos a desarrollar mucho más, para que puedas hacer esta parte por ti mismo/a y tomar una decisión lo más acertada posible.

Ahora mismo, aunque no tengas que tomar una decisión, sí que tendrías que poder hacerte una imagen general sobre la **viabilidad de tu idea de negocio y, importante, tu capacidad de llevarla a cabo.**

> El factor más determinante, de cara a la comercialización, que hemos visto hasta ahora es que en tu idea de negocio haya algún diferencial, algún elemento diferenciador, que ayude a su comercialización en un mercado competitivo. Un diferencial que se dirija a una necesidad de un conjunto de clientes concreto y suficientemente grande. Algo por lo que pagarían por tu producto en lugar de los competidores.

Habrá más factores, esto no es todo claro. Pero la experiencia me ha demostrado que ayuda. Así que puede ser útil que habiendo visto todas las preguntas te pares ahora a determinar cuál sería el diferencial de tu idea de negocio.

De esta forma sabrás si de la idea que tienes en mente puedes sacar algo único, que luego pudieras aprovechar en tus campañas de marketing. Algo de lo que tus futuros clientes puedan hablar.

Lo bueno es que, dándole suficientes vueltas, cualquier cosa puede ser el diferencial.

Puede que te resulte curioso, que antes te haya dicho que es algo súper importante, y ahora te diga que casi cualquier cosa puede servir. Bien, hay matices. Casi siempre puedes encontrar un elemento diferenciador, sin embargo:

- Tienes que buscarlo.
- Tienes que promocionarlo.
- Y no tiene que estar presente en la competencia.

El caso es que como te digo, en realidad es muy probable que tu idea de negocio ya cuente con un diferencial, aunque aún no lo hayas visto, y es muy importante que le saques partido, vamos a ver primero los motivos.

¿Por qué es tan importante el diferencial?

Lo principal es que puede hacer tu idea de negocio más competitiva en un mercado saturado de competidores.

Vamos a verlo con un ejemplo. Durante años he utilizado herramientas para compartir los contenidos de mi web en redes sociales, para automatizar las publicaciones y ahorrarme algo de tiempo.

Hay muchísimas herramientas que permiten hacer eso, la verdad. Yo elegí una que me resultaba muy útil, y estuve muchos años utilizándola, muy contento y feliz, sin ningún tipo de problema.

De hecho aunque había herramientas más económicas no cambié de proveedor, porque estaba contento, y el cambio me llevaría tiempo. La diferencia económica no era tanta como para justificar ese tiempo.

Hasta un día en el que algo cambió.

Habiendo comenzado a trabajar en mi canal de Youtube, resulta que necesitaba también compartir mis vídeos del canal para que tuvieran más visibilidad, y mi programa actual no lo permitía. Vaya. Ni la mayoría de alternativas tampoco.

Esto para mi representaba un problema, pues si estaba utilizando un software para ahorrarme tiempo, tener que hacer una parte de la difusión a mano, me parecía un sinsentido, pagar por tener una solución a medias.

Hasta que encontré un software que sí permitía la difusión

de los vídeos del canal de Youtube.

¿Te imaginas lo que pasó?

Sí, aunque llevaba muchos años utilizando mi herramienta actual, no dude en cambiarme, pues **necesitaba esa funcionalidad concreta.** Sí, iba a perder tiempo, que era lo que en principio había impedido el cambio. Pero la promesa del ahorro de tiempo futuro fue suficiente para convencerme.

Ese pequeño diferencial fue suficiente para que me cambiase después de años utilizando el servicio sin problema alguno.

Por eso es tan importante que elijas desde el principio algo que haga tu idea única.

Porque así podrás aprovechar las debilidades de los competidores que existan en el mercado en ese momento.

Y como ahora justamente estás en la fase de valorar tu idea, es el mejor momento de echarle un vistazo a la competencia y ver qué puedes aportar tú que ellos no tienen. Y de esa forma luego conseguir esos clientes que estén echando de menos ese "algo" que tu solución sí va a tener.

¡Cuidado! No todo sirve

En muchas asesorías de negocio he podido ver cómo se planteaban diferenciales que en realidad no eran tales. Como por ejemplo:

- Envío rápido
- Al gusto del cliente
- Satisfacción garantizada

- Más barato
- De mayor calidad
- El mejor

El problema es que muchos de estos puntos son subjetivos y difíciles de comprobar por tu cliente objetivo, cuando no realmente inservibles.

Por ejemplo, el caso del *"envío rápido"*, a no ser que toda tu competencia tarde mucho más en el envío de lo que tú tardarías, no sería tan útil. Es decir, solo es útil si realmente en tu sector todos los envíos son muy lentos.

Al final no solo no es un diferencial, sino que es algo que se espera de la mayoría de negocios, y si no se ofrece es directamente una desventaja.

El caso de *"más barato"* también es subjetivo, pues realmente no puedes comprobar los precios que todos tus competidores tienen en todo momento, pueden abaratar precios, ofrecer descuentos, ofertas, etc. Tampoco te sirve como elemento diferencial.

Mira por ejemplo estos diferenciales que encontré en algunos anuncios de empresas competidoras:

- Pionero del mailing en X, X se distingue por su Email Builder, muy intuitivo y flexible en su uso. La ergonomía es ejemplar.
- Crear campañas de email marketing nunca ha sido tan fácil y seguro. Te gustará X tanto como a nosotros, pruébalo gratis y sin compromiso.

Esto no dice mucho la verdad, fíjate en los términos empleados:

- Intuitivo
- Flexible
- Fácil

¿Cómo comparas el grado de intuitivo y flexible? Al final son aspectos subjetivos, no es algo cuantificable, medible, y ahí está principalmente el problema.

Y no entramos ya en lo de pionero ¿a qué cliente le importa eso?

Cualquiera puede decir que su producto es más fácil de utilizar, o más intuitivo. Tú mismo/a puedes desarrollar una nueva herramienta de mailing, y decir que la tuya es más intuitiva, no hace falta ni que mires las demás.

> **El problema principal es que no se está ofreciendo un "porqué". No se justifica.** Algo así sería mejor:
>
> ... se distingue por su Email Builder, muy intuitivo y flexible gracias a la tecnología visual composer que garantiza que el diseño del email siempre quede bien, en todos los dispositivos.

No es lo mejor, pero es "algo mejor", y el cliente ya está viendo un beneficio directo "que el email quede bien". Ya no es una promesa vacía, hay un beneficio detrás para justificar.

Por eso es mucho mejor salirse de estos puntos tan frecuentes y elegir un diferencial realmente efectivo. Algo que como ya hemos comentado no sea fácil de copiar, y que realmente aporte a tus clientes. Que los clientes ganen algo con ello.

¿Cuáles pueden ser unos buenos diferenciales?

En general aspectos únicos de tu producto, que desemboquen en un beneficio concreto para el cliente potencial. Algo que sea medible y contrastable.

Como puede ser:

- Si utilizas materiales únicos, a los que otros proveedores no tienen acceso. Exclusivos. Ya sean desarrollados por tu empresa, o de proveedores únicos.
- O procesos productivos únicos (como sería el upcycling) al que tu competencia o bien no tiene acceso, o por ahora no los ha empleado. Aquí es importante también transmitir el beneficio para el cliente final.
- Funcionalidades concretas que no estén presentes en tus competidores (como lo que te comentaba antes en mi caso particular).
- Incluso la experiencia de tu equipo si cuentas con formas diferenciadoras de hacer las cosas, o una experiencia a la que otros competidores, sea por el motivo que sea, no tienen acceso.

Todo esto el cliente potencial lo puede percibir como beneficioso para sus intereses, y realmente es más fácil, para el cliente, comparar entre diversas alternativas.

Por ejemplo si tu producto está realizado en una tela especial que mantiene el calor a la vez que es transpirable, para el cliente es muy fácil revisar los productos de la competencia para ver si disponen de algo similar.

Si no tienes ningún diferencial ¡crea uno!

Disponer de algo único realmente te ayudará a comercializar tu idea de negocio. Si en tu caso resulta que aún no has dado con el diferencial adecuado, o crees que no lo tienes, la buena noticia es que **muchas veces puedes crear tu propio diferencial.**

Puedes pensar en alguna característica de tu producto o servicio que produzca un beneficio concreto para tus clientes. O algún proceso productivo diferente al de tus competidores, incluso algún material único como hemos comentado ya.

A este elemento, sea el que sea, puedes ponerle nombre, parar comercializarlo de forma mucho más efectiva. Y ¡ya está! Le has dado nombre a tu elemento diferenciador.

Por ejemplo, para mi trabajo de marketing, de copywriting para ser concretos, desarrolle mi propio método de estructuración del texto de venta.

Claro, dicho así, pues no es muy vendedor. Si le digo al cliente *"mira, he desarrollado mi propio método de redacción de textos de venta"*. El cliente pondría cara de *"pues bien ¿es tu trabajo no? Para eso te pago"*. Y sería lógico esperar ese tipo de reacción ¿verdad? Pues le estaría diciendo en pocas palabras que hago mi trabajo.

Sin embargo, a este método le puse nombre (A.R.I.A: Atención – Razonamiento – Incentivo – Acción).

Esto es más vendible, en mi opinión *"redacción de textos de venta más efectivos utilizando el método propio de redacción de textos de venta A.R.I.A"*.

Al ponerle nombre adquiere un valor extra, es algo único, no hay otro igual, recuerda que solo le ponemos nombre propio a las cosas importantes, para distinguirlas, separarlas de la masa y darles esa importancia que se merecen.

Y el receptor del mensaje se dará cuenta de ello, claro, porque es consciente de que no a todo se le pone nombre.

Esto, el naming de procesos o materiales, prácticamente lo puedes aplicar con cualquier cosa:

- Tecnologías
- Procesos
- Materiales
- Formas

Y ganar así un extra de interés, curiosidad y diferenciación para tu producto.

Al darle nombre tu cliente no solo será más consciente del valor de ese elemento, sino que le será más fácil comparar entre las diferentes alternativas las que lo tienen, o disponen de algo similar, o no.

Y tú podrás, en tus campañas de marketing, sacarle partido a ese elemento diferenciador, promocionando tu producto con ese elemento, y dejando claro que tu competencia no tiene algo así. Haciendo pensar a tus clientes que, ya que van a comprar ¿por qué comprar un producto peor?

¿Quiere eso decir que no podrás comercializar tu idea de negocio sin un diferencial?

No, no es eso.

En el primer capítulo vimos que hay otros aspectos muy importantes, como el conocimiento del problema del cliente objetivo. Desde porqué es un problema hasta porqué no le ha dado solución hasta ahora.

También un conocimiento completo de los **competidores, sus fortalezas y debilidades, y cómo puedes aprovechar un nicho de mercado no ocupado por ellos.** Conocer sus estrategias de marketing y como lo están desarrollando hasta ahora.

Esto no tiene porque ser simplemente porque tu producto sea diferente. Quizá sea algo tan sencillo como que puedes trabajar en una ubicación geográfica que tu competencia no.

O que ellos no están desarrollando cierto tipo de acciones de marketing que tú si esperas aplicar para la promoción de tu producto.

Así pues, no todo es el diferencial. Aunque si estás en una fase en la que aún te encuentras dándole vueltas a tu idea de negocio, piensa bien si podrías desarrollar algún elemento que te ayudase a distinguirte de los competidores. Porque sin duda es más fácil hacerlo en esta fase, que cuando el producto ya esté lanzado.

3 INVESTIGACIÓN DEL MERCADO OBJETIVO Y ESTUDIO DE POSIBLES BARRERAS DE ENTRADA

Independientemente de los motivos que tengas para llevar a cabo tu idea de negocio, es muy importante que conozcas la situación del mercado.

Eso te dará una idea de las posibilidades que tienes de ganar dinero en el mismo, aunque sea de forma general.

Hay muchas formas y herramientas para hacerte una idea de la situación del que será el mercado donde comercializarás tu idea de negocio y vamos a ver algunas que puedes emplear prácticamente sin coste económico y por tus medios. Por ejemplo:

Búsqueda de competidores

Esto es de lo primero que deberías hacer, es gratis y te va a ofrecer una perspectiva de la situación que existe en ese mercado.

Lo habitual es que en un mercado maduro encuentres un buen número de competidores, al menos algunos de ellos, ya ofreciendo sus servicios y, probablemente, realizando acciones para captar más clientes.

Si cuando analizas el mercado objetivo no encuentras diversos competidores, puede significar varias cosas, que:

- Que no hayas buscado bien. Intenta pensar como tus clientes. Busca la necesidad básica, no el producto o servicio exacto.
- No es un mercado muy rentable, o lo suficientemente amplio como para sostener la actividad de muchas empresas. Quizá es un mercado en recesión, o es posible que sea un mercado pequeño, aunque rentable.
- Es un mercado muy nuevo y aún sería necesario desarrollarlo. Con una inversión en marketing importante.
- Es un mercado rentable, pero dominado por unas pocas empresas. Podrían complicar el acceso de nuevos competidores.

No veas estos puntos como impedimentos para tu idea de negocio, no. Al contrario utilízalo como información estratégica para una planificación exitosa de tu idea.

Igual que cuando vas a lanzar un negocio físico observas su ubicación, la calle, para ver si pasa bastante gente, cuando es un negocio digital has de mirar los puntos que hemos comentado.

Además estas situaciones tienen todas ellas una solución, puedes desarrollar estrategias para contrarrestarlas.

Otra posible situación que podríamos encontrar sería:

- Un mercado objetivo rentable conformado por un

buen número de competidores, pero ninguno de ellos con un control excesivamente grande del mercado.

Esta puede ser una situación bastante frecuente, así que vamos a ver cuál sería el siguiente paso.

Evaluación de los competidores

Cuando hayas localizado a tus potenciales competidores los vas a analizar detenidamente para ver como influirían en la comercialización de tu idea de negocio.

Busca:

- ¿Cuál es el competidor líder, o líderes del sector? ¿Por qué motivos crees que lo es o lo son? ¿Qué encuentran tus clientes potenciales en estas soluciones?
- ¿Cuáles son los competidores que representan marcas secundarias que están trabajando por ser líderes?
- Y ¿Cuáles se conforman con su trocito del mercado sin más aspiraciones?

Sería interesante que analizases a tus competidores y sus productos, teniendo en cuenta cómo encajan en la clasificación anterior porque eso te va a dar muchas pistas sobre la situación del mercado.

Estudia sus productos o servicios, sus beneficios, características, su precio, cómo se dirigen a sus clientes potenciales, el tamaño de sus empresas, como tratan a los clientes.

Observa sus páginas web, sus redes sociales, en caso de que

tengan, ¿hay comentarios de los clientes? ¿Y en foros o páginas de opinión? ¿Hay quejas?

Toda la información que puedas obtener te será de muchísima utilidad para comprender la estrategia de cada uno de los competidores, y en que parte podría encajar tu idea de negocio.

Puedes intentar buscar información, que suele estar disponible, sobre:

- Volumen de empleados
- Tendencias de crecimiento (aperturas nuevos locales, etc.)
- Volumen de beneficios

Toda esta información te dará pistas sobre la situación del sector.

¿Cómo se posicionan los diferentes competidores en el mercado?

Una vez tengas toda la información podrás ir dando forma a las estrategias seguidas por cada competidor y entender qué papel juegan en el ecosistema del mercado:

- ¿Se presentan como una alternativa económica accesible para la mayoría de clientes?
- ¿La opción de mayor calidad?
- ¿La que tiene la tecnología más eficiente?
- ¿Un balance medio entre varias opciones?
- ¿Cómo la marca de toda la vida, que ofrece seguridad en la compra?
- ¿Cuál es su diferencial?

Y una vez tengas todo esto claro, plantéate:

- ¿Cómo encajará tu producto o servicio en este escenario?
- ¿Cómo planeas que te perciban tus clientes potenciales?

Esto es muy importante y afectará tanto al desarrollo de tu idea de negocio como a tus futuras estrategias de marketing. Porque es difícil que pongas tu producto en el mercado y simplemente digas "mi producto es como este pero 5 € más barato".

Será necesario que te adaptes y respondas a los demás competidores que haya presentes en tu mercado objetivo, y que intentes desplazar a aquellos a los que tu producto o servicio pueda presentar una alternativa mejor.

Además de estudiar a los competidores puedes intuir el volumen del mercado

Aunque sea de forma muy general e imprecisa. Puedes realizar algunas **búsquedas en Google** o en algún otro buscador web para ver:

- El volumen de resultados que ofrecen, algo que ya te puede orientar, aunque vagamente, sobre el tamaño o interés que despierta ese mercado.
- Cuantas páginas, foros, blogs, hablan de temas relacionados con tu idea de negocio.

Como te decía esto te puede dar una información orientativa del volumen del mercado y del interés de tu idea de negocio.

Está claro que si nadie habla del tema, no hay webs, no hay blogs, no hay foros, resultará que es un mercado posiblemente muy pequeño.

También puedes utilizar **Google Insights** para, si dispone de esa información, ver y estudiar las tendencias en relación a tu idea, y observar si es un **sector que presenta algún tipo de estacionalidad de las ventas.**

Ya si te fuera posible sería interesante utilizar una herramienta como Google Ads, para valorar las búsquedas por palabras clave concretas. Es decir, sabiendo cómo pueden buscar tus clientes potenciales, conocer el volumen de dichas búsquedas.

Aunque esta es una herramienta que seguro que más tarde utilizas, en este momento de valorar la idea de negocio también te puede ayudar a ver los volúmenes de búsqueda de una forma más concreta y por lo tanto hacerte una idea más precisa.

¿Qué más puedes hacer?

Habla con los futuros proveedores

Los que serán tus futuros proveedores pueden darte también pistas sobre el volumen del mercado. Es posible que no todos estén dispuestos a darte información, pero es muy posible que otros, en vistas de poder ganar un futuro cliente, si estén dispuestos a ayudar.

El volumen de proveedores también te dará una pista del mercado, pero de eso volveremos a hablar más adelante, en su sección.

Hasta ahora ¿qué impresión te ha dado el mercado de tu idea de negocio?

La situación más o menos ideal, en mi opinión, sería un mercado más o menos amplio, con varios competidores pero que no tengan un dominio monopolístico del mercado.

Es decir, un mercado rentable donde tengas posibilidad de desarrollar tu actividad comercial. Esto es solo una opinión claro, no tiene porqué ser así en todos los casos.

Es posible que tengas en mente una idea de negocio disruptiva que te permitiría acceder a un mercado monopolístico. O desarrollar un mercado todavía inexistente.

Ahora mismo lo que debes hacer es valorar la sensación que te transmite lo que hemos visto hasta ahora, hasta el momento. Nos queda todavía mucho trabajo por realizar, no te preocupes, pero es bueno que vayas valorando tus percepciones y las impresiones que estés teniendo.

Por supuesto si has conseguido cifras concretas del mercado mejor, como volumen de negocio, beneficios de los competidores, número de empleados. Todo eso son cifras muy interesantes.

Las fuerzas de Porter

Para seguir avanzando en el estudio de tu idea de negocio vamos a ver lo que en marketing se conocen como *"Las fuerzas de Porter"*, diseñadas por Michael Porter, sin entrar en detalles muy técnicos, solo los aspectos que considero más importantes para la validación de tu idea de negocio.

En realidad se trata de analizar las fuerzas que afectan a tu mercado objetivo, y que por lo tanto debes conocer y valorar.

Veamos:

1) Agresividad de los competidores existentes:

Al principio será necesario averiguar el grado de control del mercado de las empresas ya establecidas y si realizan de forma frecuente campañas agresivas de captación.

Por ejemplo en telefonía sabes que las empresas realizan grandes ofertas a clientes de otras compañías para tratar de captarlos y que cambien de proveedor.

Si esa es una práctica habitual en el mercado al que te diriges puede ser bastante difícil establecer un nuevo negocio sin la intromisión de los competidores.

Observar si las empresas tienen precios agresivos (muy bajos), realizan ofertas frecuentes, promociones, utilizan campañas de captación enfocadas a las empresas competidoras, etc.

2) Entrada de nuevos competidores:

Si el mercado objetivo al que te diriges es muy activo es posible que vayan apareciendo nuevos competidores cada cierto tiempo. Intenta obtener un registro de nuevas empresas si te es posible y consideras que es un dato interesante para tu futuro negocio.

Por otro lado, también puedes valorar directamente el mercado. Si es rentable y está en expansión, seguramente aparecerán nuevos competidores con el tiempo. Y si crece muy rápidamente, con más volumen.

Esto es algo que debes considerar porque de ser el caso, la

competencia se puede ir incrementando de forma bastante rápida, y en ese caso necesitarías una inversión mayor en marketing para conseguir la viabilidad necesaria para tu empresa.

> Quizá recuerdes hace años, cuando el boom de las empresas de vapeo, surgían tiendas de productos de vapeo en cada esquina. Luego, con los cambios legislativos muchos cerraron. Pero inicialmente, aparecieron decenas de empresas.

3) Existencia de productos sustitutivos

En casi todos los mercados podemos encontrar productos sustitutivos. Esto no es otra cosa que productos o servicios alternativos al tuyo y que van a competir contigo.

No se trata de los competidores directos que hemos visto antes.

Los competidores los podemos considerar como más o menos equivalentes a lo que ofrecemos, productos muy similares. Mientras que los productos sustitutivos no tienen porqué tener una relación totalmente directa con tu producto o servicio.

Vamos a poner un ejemplo algo simple, pero con el que vas a poder ver la diferencia de forma clara.

Imagina que tu idea de negocio trata de la comercialización de *"bombones de chocolate"*, es solo un ejemplo. Bien, en primera instancia puedes pensar que tus competidores son las otras marcas que fabrican bombones de chocolate. Y eso es cierto, pero hay más.

Si el caso es que tu cliente potencial quiere comprar tu producto para hacer un regalo a otra persona. En ese caso no solo tu producto le serviría, también podría comprar otras cosas:

- Unas flores.
- Un libro.
- Perfume.
- O cualquier cosa que crea que le gusta a la otra persona.

¿Ves? El cliente potencial tiene muchas alternativas a su alcance. ¿Crees que este ejemplo no sirve porque en este caso es para regalo no para uso directo del producto?

Bueno, veamos otro ejemplo. **Vamos a ver lo que ha sido mi trabajo durante más de 9 años** (en el momento de escribir este libro).

Comercializar una herramienta de email marketing, en este caso la que puedes encontrar en Mailrelay.com.

Una herramienta de email marketing sirve para enviar emails, campañas de publicidad, nuevos artículos que escribas en tu blog, promociones, etc.

Los competidores principales o directos en este caso eran por lo tanto otras herramientas de marketing por email. De eso no cabe mucha duda.

Sin embargo, si hacemos lo que te comento, y analizamos la necesidad básica del cliente, si pensamos ¿Para qué quiere el cliente enviar emails? Podemos llegar a la conclusión de que sin duda, para vender. Antes o después, con una estrategia u otra, pero al final de la historia, vender.

En ese caso ya aparecen más productos sustitutivos, productos o servicios que en su caso podrían desempeñar o realizar esta función, como serían:

- Campañas de Google Ads
- Redes sociales
- Publicidad en Facebook, Linkedin
- Marketing de contenidos
- Podcasts
- Asistir a eventos

Aquí puedes ver que para solucionar lo que considera su *"necesidad básica"*, el cliente dispone de muchísimas alternativas, existen muchos productos sustitutivos. No estamos compitiendo solamente con las empresas que hacen "lo mismo" que nosotros.

Para que tu idea de negocio sea un éxito, tu trabajo consistirá en:

- Comprender la necesidad básica de tu cliente potencial.
- Detectar los productos sustitutivos más habituales.
- Entender porqué pueden utilizarse en lugar de tu producto o servicio.
- Y ver las formas de mostrar tu producto o servicio como la mejor alternativa para la necesidad del cliente.

No parece fácil, lo sé, llevará mucho trabajo de marketing detrás. Horas de análisis y estudio.

Sin embargo ahora es momento de detectar esos productos sustitutivos, para comprender mejor como está conformado tu mercado objetivo, o al menos comprender cómo tu producto puede ser sustituido por otros.

Por eso la primera pregunta que vimos en este libro *"¿Qué problema del cliente soluciona tu producto?"* era tan importante. Ya que necesitas una respuesta lo más meditada posible para comprender a su vez todos estos aspectos que estamos viendo ahora.

4) Capacidad de negociación de los proveedores:

Quizá te preguntes como puedes conocer la capacidad de negociación de los proveedores sin negociar directamente con ellos, bueno, algo puedes hacer. Aunque lo ideal sigue siendo localizar tus posibles proveedores y solicitar presupuestos, intentando negociar mejores condiciones con todos ellos.

¿Qué observas en ese caso? En base a las respuestas que te den y el resultado de tus intentos de negociar, y su actitud, podrás ver si los proveedores son más o menos inflexibles en las negociaciones.

Si te pasan precios que consideras razonables, sin ofrecen descuentos por comprar cantidades, por pronto pago, o si ofrecen facilidades de pago.

Si no hay muchos proveedores y además se muestran inflexibles en las negociaciones será peor que si hay un buen número de proveedores y se muestran abiertos a la negociación.

Aquí, en este paso, ya te vas a poder ir dando cuenta, o calculando, los futuros costes de desarrollar tu idea de negocio, lo que te costará económicamente llevarla a la práctica. En base a lo que los proveedores te están indicando que te van a costar los materiales, herramientas y materias primas.

Igual sucederá con la:

5) Capacidad de negociación de los clientes

Si tu idea de negocio pasa por tener un ecommerce, o tienda online, quizá no te preocupe demasiado la capacidad de negociación que puedan tener los clientes ¿no? Pues los precios son fijos y están preestablecidos y, en teoría no hay negociación.

Bueno, eso no es del todo así, de esa forma.

Debes considerar las posibilidades que tengan de acudir a la competencia, eso también es capacidad de negociación. O, como en toda negociación, la capacidad de no llegar a ningún tipo de acuerdo. No hacer nada, no comprar.

Aún así, lo cierto es que en muchos sectores la negociación es una parte fundamental del proceso de compra, no solo en sectores B2B (de empresa a empresa). Considera que los clientes tendrán una capacidad de negociación mucho mayor cuando:

- El volumen de competidores sea mayor. Es decir, tienen más posibilidad de elección y no tienen porqué aceptar cualquier oferta. Además en estos casos, los diferentes competidores serán conscientes, y pueden negociar más agresivamente para conseguir el cliente.
- No haya una estandarización de los precios. En algunos sectores los precios son bastante estándar, no cambian mucho de un proveedor a otro, pero en otros no sucede eso, y en esos casos hay más posibilidad de negociación.
- Haya una mayor agresividad de las empresas competidoras, y estén dispuestas a bajar los precios con tal de captar clientes.

Si detectas que el mercado al que te diriges presenta estas características plantea con antelación la estrategia que vas a utilizar porque si no lo haces te puedes ver en una guerra de precios que no sea lo más rentable para tu nuevo negocio.

Y por último.

6) Actividad legislativa

Muchas personas no caen en esto, revisa si el mercado al que te diriges tiene mucha interferencia a nivel legislativo. Si cada poco tiempo hay cambios en los temas legales que afectan a tu negocio, necesitarás estar constantemente adaptándote, y eso presenta un elevado coste económico.

En algunos casos extremos, es incluso posible que se haga imposible seguir desarrollando la actividad de tu negocio. Son temas serios.

Y como muchos de los puntos que hemos visto, vale la pena tener esto en cuenta al valorar tu idea de negocio.

Invierte todo el tiempo que puedas en valorar tu mercado objetivo

Es muy posible que estés deseando lanzarte a desarrollar tu idea, que queras verla hecha realidad.

Sería lo normal.

Cuando tienes una buena idea de negocio es justo lo que se desea hacer. Conocer tu mercado objetivo te ayudará a darle mejor forma a tu idea y sobre todo aprovechar las debilidades del mercado y tu competencia.

En mi opinión, creo que lo más importante es no pensar que tu idea es tan diferente que no encontrará competencia.

Eso lo he visto muchas veces, y la mayoría de ellas no ha

conducido a nada buena, principalmente porque es muy difícil que eso sea así de verdad, y aunque así fuera siempre podrás encontrar productos sustitutivos, proveedores complicados y clientes con muchas alternativas.

De hecho el cliente siempre dispone de alternativas, incluso **puede decidir no hacer nada, no comprar y quedarse tal y como está.** No olvides eso.

4 DETALLES DEL MERCADO INTERESANTES PARA LOS INVERSORES

Es posible que en este momento aún no hayas valorado la posibilidad de buscar inversores, pues aún no hemos llegado a las partes donde calcularías los costes económicos de llevar a cabo tu idea de negocio.

Incluso es posible que hayas tomado la decisión de no contar con inversores de ningún tipo y desarrollar tu idea de negocio solo por tus medios.

Aún así, como hemos estado hablando del mercado objetivo, puede ser interesante que veamos qué aspectos de tu mercado objetivo valorarían unos posibles inversores. Por si acaso cambias de opinión, o por si en algún momento realmente lo necesitas.

Te puede venir muy bien en un futuro más cercano de lo que te imaginas.

Lo primero:

1) ¿Qué cambios se están produciendo en el mercado objetivo?

A tus posibles inversores les interesará saber si el mercado al que se dirige tu idea de negocio **está estable o en crecimiento** ¿Qué pueden esperar si invierten en tu negocio?

Quizá ellos ya lo sepan, o quizá no. Si lo saben esperarán que tú también lo sepas, pues esperarán que conozcas tu mercado objetivo si van a invertir en tu negocio.

Obviamente las expectativas serán más prometedoras en un mercado que crece que en uno que se está reduciendo o está pasando por algún tipo de crisis. Eso está más que claro.

Si te diriges a un mercado estable, con muchos competidores, pero tienes una idea disruptiva con la que puedas captar gran parte del mercado, también sería muy interesante.

> Explica cómo es el mercado y los cambios, y sus motivos que estás percibiendo. Si es posible, cuál es el origen de estos cambios. Cómo se han ocasionado, y si las fuerzas que los estén ocasionando prevés que se mantengan.

Detalla también cómo son los clientes de ese mercado, su capacidad económica, gustos, aficiones, disposición para probar nuevos productos, sus compras habituales...

Sobre todo ha de quedar claro:

- Que tendrán interés por tu producto o servicio
- Y que tendrán la capacidad económica suficiente para adquirirlo

Todo lo que hemos visto antes sobre la competencia

también sería interesante incluirlo en un informe a la hora de solicitar inversión. El volumen de competidores, su antigüedad, volumen de negocio, empleados, etc.

2) ¿Qué cambios sociales se perciben?

En el momento en el que escribo este libro hay algunas tendencias bastante visibles que se han ido incrementando a lo largo de los años. Se trata de:

- El mercado de la salud, productos saludables y deporte
- Productos y servicios ecológicos y respetuosos con el medio ambiente

Es posible que estas tendencias cambien, se fortalezcan o aparezcan otras nuevas.

Fíjate en el renting de vehículos, es algo que hace 15 años hubiera tenido dificultades para su comercialización, sin embargo ahora es una alternativa muy interesante para muchas personas.

Este tipo de tendencias y cambios sociales es lo que debes analizar en relación a tu idea de negocio, cuando busques inversores infórmales:

- ¿Tu idea de negocio se basa en algún aspecto o costumbre social que es improbable que cambie en un periodo de tiempo más o menos razonable?
- ¿Aprovecha una nueva tendencia que está creciendo, pero que no va a desaparecer?
- ¿O aprovecha un cambio que prevés que aparecerá en base a ciertos análisis que has realizado, pero que aún no se ha producido?

De todo esto lógicamente deberías de poder ofrecer datos, para que resulte evidente cómo tu idea de negocio puede aprovechar estas situaciones.

Si quieres sacar partido de un cambio social incipiente deberías considerar que el coste en marketing será bastante mayor.

Y que tendrás que captar a clientes potenciales interesados en probar nuevos productos y servicios. Es decir, probar algo que todavía no se sabe si es efectivo, cómo funciona, si es seguro, etc.

Y luego, atraer a un volumen de clientes suficiente para que sea rentable tu negocio. Esta parte es importante.

Por último debes considerar los

3) Cambios tecnológicos

A menudo es posible que una idea de negocio que antes no era posible llevar a cabo, ahora sí lo sea gracias a algunos avances tecnológicos.

Estos avances pueden representar:

- La capacidad tecnológica de hacer algo que antes no era posible
- Simplificación de procesos productivos
- Abaratamiento de costes
- Acceso a nuevas materias primas
- Mejor resultado final del producto
- Etc.

Sin duda estos detalles serán de interés para cualquier inversor, que no tiene porqué conocer todas las novedades de tu mercado objetivo. Pero que si se las haces apreciar, podrá valorar la rentabilidad de aprovecharlas.

Por el momento

Piensa en estos detalles, más adelante hablaremos de más consideraciones, gastos, empleados, etc.

> Por ahora estos detalles quizá te ayuden a valorar si realmente es buena idea, porque será rentable, desarrollar tu idea de negocio o no. Es decir, vas a poder ver qué fortalezas podría tener tu futuro negocio, o que aspectos del mercado podría aprovechar.

Y de hecho, ahora que tienes reciente el análisis de tu mercado objetivo, es un momento muy bueno para plantearte estas cuestiones.

Aunque ahora mismo no estés buscando inversión, da igual, porque tú, en definitiva, vas a poner tu dinero y tu tiempo en el desarrollo de tu idea de negocio, y conocer estos puntos que hemos visto te vendrá bien.

Al final, tú eres tu mayor inversor, y te interesa recuperar tu inversión y ganar dinero. Observa pues si hay algunos puntos interesantes en esto que hemos visto, si hay puntos fuertes, o habría elementos que podrían dificultar el desarrollo de tu idea de negocio.

De todo eso también hablamos justamente en el siguiente capítulo.

5 ANÁLISIS D.A.F.O

Creo que con todo lo que hemos visto hasta ahora, es el momento de que realices el análisis D.A.F.O de tu idea de negocio. Como desde el principio de forma objetiva.

D.A.F.O son las siglas de:

- Debilidades
- Amenazas
- Fortalezas
- Oportunidades

Y es un análisis que te ayudará a tener una perspectiva global de tu futuro negocio. **No solo de los aspectos positivos, si no de los negativos también.**

Conocer todo esto es importante. Para que tu idea la puedas lleva a cabo con éxito no solo tienes que considerar las partes positivas de la misma.

Vamos a empezar por las debilidades.

1) Debilidades:

Obviamente no sirve de mucho pensar que tu futuro negocio es perfecto y no tiene ninguna debilidad. Que tu producto será el mejor y todo el mundo lo verá de esa forma.

Sí, tienes que tener confianza en tu producto o servicio, en tu negocio, tienes que creer en él.

Eso sí, dale todas las vueltas que sean necesarias y detecta cosas como:

- Que tu mercado objetivo sea pequeño
- Que los proveedores tengan un gran control
- Que necesites una gran inversión para llevar a cabo tu idea de negocio (o que de entrada tengas muy poco presupuesto)
- Que sea un mercado muy novedoso y bastante desconocido
- Que los precios de los competidores sean muy bajos y los costes productivos muy altos (baja rentabilidad)

Estos puntos y otros como que tu producto tenga algún tipo de requisito para su uso o adquisición. Por ejemplo, ciertos software requieren de conocimientos, que sin ellos hacen que el producto no se pueda utilizar.

> Que se requiera de cierta experiencia o conocimientos, puede hacer que los clientes potenciales busquen otras alternativas o formas de hacer las cosas que sean asequibles a sus capacidades.

En fin, anota todo lo que creas que hay de negativo en tu idea de negocio. **Aunque sean cosas inherentes a la propia idea, producto o servicio.**

Sin excusas del tipo *"esto en realidad no es un problema porque el cliente objetivo entenderá o comprenderá que esto es así porque..."*

No, el cliente muchas veces no entenderá nada, porque no quiere explicaciones, y buscará una alternativa que se ajuste mejor a lo que necesita, que le resulte más adecuada.

Piensa desde la perspectiva del cliente.

Esto lo he podido observar incluso ofreciendo un servicio gratuito. Incluso siendo gratis, si el cliente percibe que no le encaja, o que no va a obtener un beneficio, no quiere el producto ofrecido.

2) Amenazas

Considera qué aspectos resultarían en situaciones de amenaza para tu futuro negocio.

Por ejemplo que cambiase la legislación, como comentamos en el capítulo anterior, o que apareciese un nuevo competidor.

Si quieres puedes dividir las amenazas según grados de probabilidad de que sucedan. Por ejemplo, sería más probable que apareciese un nuevo competidor a que haya un cambio social al respecto del uso de ese tipo de producto o servicio concreto.

En este punto no creo que sea necesario que planifiques todo tipo de planes de contingencia, pero sí que tengas en cuenta aquellas posibles cosas que pueden afectar a tu negocio. Para estar preparado/a, sobre todo a nivel económico, que es donde más impactarán estos cambios.

Por ejemplo piensa que basas todo el éxito de tu idea de

negocio en una funcionalidad concreta, que incluso es tu diferencial de negocio clave. Es lo que piensas que tus clientes potenciales van a valorar más y lo que va a hacer que se decidan por usar tu producto o servicio.

¿Qué pasaría o qué pasará cuando un competidor copie justamente eso? ¿Cómo te afectaría?

Ese tipo de cosas son las que has de valorar.

Por supuesto también has de considerar las

3) Fortalezas

Aquellos aspectos que hacen que tu producto sea la mejor alternativa para solucionar un determinado problema o necesidad del cliente.

Sobre todo en comparación con las alternativas que ofrecen los competidores. Por supuesto fortalezas pueden también ser aspectos como:

- Buena capacidad de conseguir inversión
- Uso de una tecnología que sea novedosa
- Acceso a materias primas especiales
- Etc.

En esta parte es fácil quedarse solo en lo más visible, por lo que te recomiendo prestar atención a todo aquello que pueda hacer que tu futuro negocio sea un éxito. Cualquier detalle por pequeño o minúsculo que sea, pero que en su momento te pueda ayudar.

4) Oportunidades

Aquí tendríamos que colocar aquellos aspectos que consideres oportunidades interesantes para tu negocio. Como podrían ser:

- La desaparición de un competidor
- Un abaratamiento de los costes de productos (por nuevas tecnologías, reducción de costes de materias primas...)
- Un cambio social que abra un nuevo nicho de mercado
- Etc.

En definitiva todos aquellos aspectos que indiquen que es un buen momento, o una buena idea, llevar a cabo tu idea de negocio.

Estamos terminando

Prácticamente el primer bloque del libro, y al terminar este capítulo yo creo que deberías ya tener mucho más claros los aspectos positivos y negativos de tu proyecto.

Qué aspectos serán una ayuda, y cuales presentarán dificultades que deberás resolver. Riesgos que tendrás que tomar y oportunidades que podrás aprovechar.

Bien, para cerrar el bloque, veamos el capítulo final.

6 CONCLUSIÓN FINAL DEL BLOQUE

Terminamos el bloque en el que hemos visto cómo valorar o estudiar tu idea de negocio. Espero que llegados a este punto tengas mucho más claros los puntos fuertes y débiles de tu idea.

Todo lo que hemos visto, debería de ayudarte a sacar unas primeras conclusiones sobre tu idea, el mercado, los competidores, y como todo este conjunto puede ser el entorno ideal donde desarrollar tu idea, o si vas a encontrar muchas dificultades.

Visto todo esto sí que creo que es posible ir intuyendo lo fácil o difícil que sería llevar a cabo tu idea.

¿Por qué esta idea de negocio? ¿Qué motivación tienes? ¿Qué conocimientos del sector?

La cosa es así, un negocio va a requerir de muchas, muchas, horas de tu vida, por supuesto dinero y sacrificio. Dejar muchas cosas de lado para dedicarte al negocio que has decidido crear.

Te ofrecerá muy buenos momentos, alegrías, emociones, pero también has de estar preparado/a para otros momentos menos buenos. Que bueno, eso es una realidad en casi todas las cosas de la vida.

Por lo tanto, va a requerir de una buena dosis de motivación en más de una ocasión.

Es por eso que conviene que te plantees el motivo que hay detrás de tu idea de negocio. Puede ser cualquier cosa. Desde que te apetezca ser tu propio jefe/a, a que desees ganar mucho dinero, ayudar a la sociedad, etc.

Casi todos los motivos son buenos y válidos. Excepto quizá si los motivos son:

- No tengo trabajo
- Todo el mundo está emprendiendo
- Me apetece tener un "plan B"
- O similares

Ten cuidado, repasa todo lo que hemos visto hasta ahora, y lo que veremos en los próximos capítulos, para asegurarte de no acabar en una situación peor que la que tenías al principio.

Quiero decir, para no engañarnos, que en la mayoría de negocios, por no decir casi todos, hay que invertir dinero. Si tu situación económica no es del todo buena, desarrollar un negocio puede que no sea la mejor idea.

De eso justamente trata este libro. De que tengas un método para estar más seguro/ra.

Una fuerte motivación es sin duda lo que te ayudará a resistir cuando las cosas se pongan difíciles, y se requiera de fuerza de voluntad y perseverancia.

Contar con una causa detrás de la idea de negocio también puede ayudar mucho. Por ejemplo si tu futura empresa se dedicará a la fabricación de prótesis, el propio hecho de ayudar a personas necesitadas puede ser un gran motivador.

Por supuesto considera tu experiencia en el sector. Si llevas años trabajando en el mismo, tendrás una mejor idea de cómo funcionan las cosas, que al contrario. Por ejemplo puede que conozcas proveedores, sepas lo que necesitan los clientes, etc.

Llevar al éxito una empresa en un sector en el que no tienes experiencia es posible, sí, pero va a ser necesario que te rodees de personas que sí dispongan de esa experiencia y la puedan aportar. De forma que la capacidad de selección de personal, y la gestión de equipos van a ser habilidades importantes para ti.

Señales a considerar cuidadosamente

Como te dije al principio, este libro no está realizado con la intención de desanimar a nadie. Considero eso sí que debo hacer un inciso en los puntos "delicados", para que puedas valorar con más seguridad la inversión que vas a realizar.

Hasta ahora, de todo lo que hemos visto, creo que se debería de poner especial cuidado en:

- Ideas de negocio en las que no esté absolutamente claro el problema o necesidad que solucionamos.
- Mercados con un volumen de competencia muy grande, sobre todo si esta muestra una gran agresividad ante la aparición de nuevos competidores. Y sobre todo si no disponemos de los medios económicos para hacer frente a esa

situación.
- Productos o servicios que no cuenten con ningún elemento diferenciador.
- Ideas de negocio muy novedosas, o dirigidas a mercados incipientes o inexistentes. O mercados muy pequeños.
- Cuando no se dispone de la capacidad económica necesaria.
- Mercados con proveedores dominantes con los que no sea posible negociar condiciones.

No es que tu idea de negocio no se pueda llevar a cabo en estas circunstancias, es solo un indicativo de que tendrás que estudiarlo todo mucho más, y posiblemente realizar una inversión económica mayor.

Solo eso, tómalos como puntos que indican que debes de poner más cuidado en valorar tu idea de negocio.

Señales que en principio son favorables

En los negocios no hay nada seguro, por supuesto, pero puestos a imaginar un "escenario" potencialmente favorable, tendríamos:

- Un mercado ya maduro, pero con capacidad de crecimiento. Es decir un mercado ya conocido por los clientes.
- Un número de competidores razonable, y sobre los que tengamos algún tipo de ventaja, ya sea económica, un diferencial efectivo, etc.
- Inversores potencialmente interesados.
- Una gran motivación para llevar a cabo la idea de negocio.
- Experiencia previa en el sector en el que se va a

desarrollar tu idea de negocio.
- O incluso disponer de contactos en el sector.

Al igual que en el punto anterior, donde vimos algunos aspectos con los que tener cuidado, que nuestro producto o servicio cumpla estos puntos no nos garantiza nada. Aunque sin duda se trata de aspectos positivos.

En el siguiente bloque

Vamos a pasar ya de valorar la idea desde la base, valorar su potencial, a valorar cómo llevaríamos a cabo el desarrollo de la misma. Valorar nuestra capacidad de llevar a cabo la idea, de llevarla a la práctica.

Vamos a dar por hecho que has visto que tu idea tiene mucho potencial, que la ves viable y rentable. **Ahora toca valorar si esa idea que potencialmente es buena, tienes capacidad de llevarla a cabo.**

BLOQUE 2º - VALORAR EL DESARROLLO DE LA IDEA DE NEGOCIO

Tu idea de negocio

7 ¿TIENES FORMA DE "PROBAR" TU IDEA DE NEGOCIO?

Ahora que ya tenemos claro que tenemos una buena idea de negocio entre manos ¿crees que sería posible validarla, probarla, testarla? En definitiva, ¿tenemos alguna forma de probar la idea de negocio sin lanzarnos al 100% con todo?

El método habitual suele ser comentar la idea con:

- Familiares
- Amigos
- Compañeros

Y valorar sus reacciones. **El problema es triple**. Como ya vimos, nuestros familiares cercanos pueden estar más preocupados en que *"no acabemos mal"* que en analizar la idea de negocio de forma objetiva.

Además de todo esto, y un problema quizá más grave, es que se trata de un grupo reducido, muy reducido, por lo que no nos será demasiado útil. No es representativo de un mercado objetivo, donde habría miles de personas.

Además de por volumen, es muy probable que el "grupo" no sea representativo en cuanto a lo que son las necesidades, gustos y preferencias de tus clientes objetivo. Es decir, es probable no que no representen lo que sería nuestros clientes ideales.

Al menos muchas veces no.

Entonces qué podemos hacer.

¿Quizá ya conoces a los clientes?

Es posible, si ya has trabajado en el sector, aunque sea en una empresa donde tu puesto de trabajo no estaba directamente en contacto con los clientes, que conozcas las necesidades que tienen.

¿Qué esperan del producto o servicio?

Anota todo lo que recuerdes que pueda ser importante, y en lo que tu producto, o tú, podrías aporta mejoras, reducir problemas, o quejas. Sin duda esta es una gran ventaja, haber visto cómo funcionan las cosas desde dentro ayuda. Mucho.

Si no has tenido contacto previo con los clientes potenciales puedes:

Contactar con los proveedores

En los capítulos anteriores comentamos la utilidad de contactar con los proveedores, incluso antes de que tu negocio sea una realidad, para ver si era posible negociar con ellos, y que margen de negociación podrías conseguir.

Lógicamente no vas a esperar a tener tu negocio en marcha para buscar los proveedores, así que intenta desde el principio obtener toda la información posible.

Información sobre el mercado, los clientes, competidores, etc. Ya que es posible que cuenten con mucha información que podría ser útil.

Aunque sean proveedores y no tengan un contacto directo con los clientes finales, sabiendo qué es lo que más les demandan, puedes hacerte una idea general de qué es lo que está pidiendo el mercado.

Puede que en primera instancia no deseen colaborar, aunque sería raro, pero si puedes hacerles ver que es posible que ganen un cliente futuro, quizá se animen.

Sin duda, una de las mejores formas de ver la aceptación que podría recibir tu producto, sería:

Crear una página web, una landing page

Bueno, si vas a lanzar un nuevo negocio, es casi seguro que vas a necesitar un dominio y una página web. Antes o después lo vas a tener que hacer, y no es, seguramente, de los gastos más importantes que vas a tener que considerar.

Y, por qué no decirlo, si no tienes dinero ni para tener una web, es mala señal. No digo que sea indispensable, pero una web ayuda, y si no la haces, que sea porque has sopesado no hacerla por algo, si el motivo es la falta de dinero, ese sí es un problema.

Así que bueno, no es descabellado comprar antes el dominio y subir una página sencilla, una página de aterrizaje.

No es necesario que sea un sitio web completo totalmente diseñado.

Servirá y será más que suficiente con una única página con todos los detalles de tu producto o servicio. Sí, una página única con toda la información debería de servir.

Evidentemente no puedes vender tu producto o servicio, pero, dependiendo del producto que vayas a comercializar quizás puedas recibir "pre-pedidos", es decir, recibir pedidos antes del lanzamiento.

Si a esta página le diriges el tráfico de una campaña de Google Ads, Facebook, cualquier tipo de tráfico. **Ese tráfico dirigido a la página de venta servirá para que veas, de primera mano la aceptación que tendría tu producto.**

En caso de que no puedas, o no quieras aceptar pre-pedidos, al menos puedes incentivar que te contacten, que se pongan en contacto contigo para solicitar información, y que de esa forma tu veas el posible interés que hay sobre el producto, sus opiniones, etc.

O puedes captar sus emails, para mantenerlos informados sobre la evolución de tu producto.

> Claro, esta estrategia es posible que no te sirva en tu caso, por ejemplo, si todavía no tienes claros los costes de fabricación de tu futuro producto, no podrías aceptar pedidos previos al lanzamiento.

En caso de que sí sea una estrategia que puedes emplear, es una forma económica de testar tu idea de negocio. De validarla con tráfico real.

Piensa que incluso puedes incluir una encuesta en dicha página para obtener más información de todas esas visitas que van llegando.

No es 100% real, pero puede ser una aproximación.

Test en redes sociales

Una versión más económica es montar algunas imágenes promocionales y difundirlas en redes sociales. No es lo mismo y desde luego no queda tan profesional.

Aún así esa es una forma con la que podrás ver las opiniones, comentarios y si se comparte tu producto. En definitiva se trata de ver el interés que despierta tu producto o servicio entre tu público objetivo, gastando un mínimo de dinero.

Como en el caso anterior, no se trata de una comercialización real, y por lo tanto tiene limitaciones. Que haya muchos comentarios positivos en las redes sociales no asegura que luego vayan a comprar, o contratar, son solo eso, comentarios. Algunos finalmente puede que compren, pero no todos.

Desarrollar uno o varios prototipos

En caso de que te sea posible, desarrollar un prototipo de tu producto o servicio puede ser muy útil, ahora veremos porqué.

Si se trata de un producto físico, el prototipo te ayudará a ver el aspecto que tendría tu producto en la realidad. Puedes hacerle fotos reales para luego promocionarlo por ejemplo, pero además puedes ver su aspecto, tocarlo, ver cómo funciona, si funciona como esperabas, etc.

Y en el caso de ser un producto digital, puedes desarrollar algunas pantallas, para ver cómo sería el proceso de uso, si sería fácil, intuitivo, para que se vean todos los pasos necesarios. Y de esa forma ver cómo sería el resultado, aproximado, final, de tu idea de negocio. **En el caso de servicios digitales, no es necesario que sea funcional, solo aparentarlo a través de algunas pantallas.** De esa forma es posible ver su usabilidad, la navegación, etc.

Algunos aspectos positivos de desarrollar prototipos serían:

- La posibilidad de estimar los costes de producir el producto, que luego impactaran en el coste total de llevar a cabo tu idea de negocio.
- Facilitarte algo que mostrar a los posibles inversores.
- Tener algo que mostrar a los clientes potenciales, para ver sus impresiones, y opiniones.
- Incluso si realizar un número elevado de prototipos puedes intentar venderlos para observar el resultado. Por ejemplo podrías hacerlo en una popup store o similar.

Al igual que las opciones que hemos comentado antes, no siempre es posible desarrollar prototipos. Ya sea porque resultaría demasiado complejo, costoso, porque no sería rentable hacerlo, o simplemente no es posible (por la infraestructura necesaria).

A parte de estas ideas

Tienes otras formas de valorar tu idea de negocio más tradicionales quizá.

Por ejemplo si se va a tratar de un negocio físico, puedes

realizar encuestas por la zona para valorar el interés.

Sobre todo cerca de negocios similares a tu idea de negocio.

Pero, en cualquier caso, si ninguna de estas opciones te sirve, no te preocupes, no todas las respuestas están en este capítulo, por eso debemos seguir avanzando ¿seguimos?

8 ¿QUÉ NECESITAS PARA LLEVAR A CABO TU IDEA DE NEGOCIO?

Vamos avanzando en la materialización de lo que será tu futuro negocio, y por supuesto tienes que considerar todo lo que necesitas, desde lo más básico para convertir tu idea en una realidad física, o digital.

Primero de todo ¿tu producto o servicio va a necesitar un desarrollo previo?

No todos los negocios pasan de idea a negocio en funcionamiento de forma directa. Si tu negocio va a ser el desarrollo de páginas web, por ejemplo, sí puedes pasar de una idea a tener negocio en marcha. Montas una web ofreciendo tus servicios, y listo, ya estaría todo (faltaría la promoción, pero ya me entiendes).

Por otro lado si tu idea es un nuevo gadget deportivo, seguramente requiera de un desarrollo previo. Investigación, prototipos, pruebas, etc.

Es posible que puedas realizar el desarrollo previo por tu cuenta, antes de lanzar tu empresa, **sin embargo en otras circunstancias no es posible realizar el desarrollo de forma previa.** Por ejemplo si necesitas una fabrica para fabricar tus productos, pues será difícil que lo hagas en el salón de tu casa.

Por eso habrá casos en los que será necesario que pongas en marcha tu negocio "antes" de tener tu producto listo.

Sin duda es más arriesgado, pero para algunos negocios, y a veces, no es posible hacerlo de otra forma. Considera eso.

¿Necesitas proveedores para desarrollar tu idea de negocio?

En un porcentaje muy elevado de casos, vas a necesitar proveedores, materias primas, suministros.

Ya hemos comentado antes que es buena idea contactar a los proveedores lo antes posible para obtener información. Si no lo has hecho hasta ahora, es el momento de localizarlos, y ver sus precios, condiciones, tiempos de entrega, cantidades, etc.

Ten en cuenta que todo se tiene que ajustar a tu idea de negocio. Si tu producto requiere de ciertas calidades, tendrás que buscar esos proveedores que ofrezcan esa calidad y no otros.

Igual pasa con los tiempos de entrega.

Imagina que tienes un proveedor para el embalaje de tus productos, en ese caso, necesitarás que cumpla ciertos tiempos.

Bueno, además de los proveedores.

¿Vas a necesitar un local?

Y si es el caso ¿qué tipo de local? ¿En qué ubicación? ¿Es la ubicación algo importante y prioritario o da más o menos igual?

Dale algunas vueltas a esto, porque puede ser uno de los gastos más importantes que tengas. Y si tu local no necesita estar cara al público, porque no vas a recibir clientes en el, quizá puedas optar por uno más económico. E ir mejorando poco a poco según la situación económica de tu empresa lo permita.

Asuntos legales...

Si tu negocio lo requiere, y casi seguro que lo requiere, necesitarás solventar todos los temas y permisos legales.

Lógicamente esto es mejor consultarlo con profesionales, y hacerlo lo antes posible, para como mínimo asegurarte de que tu idea de negocio es viable legalmente, y que no hay algún impedimento que te dificulte llevarla a la práctica.

Además de conocer el tiempo que eso trámites pueden llevar (que muchas veces no es poco tiempo).

Empleados

En el caso de que no vayas a desarrollar todos los aspectos de tu negocio tu mismo/a, vas a necesitar ayuda, en la forma de empleados.

La búsqueda, contratación y gestión de equipos (empleados y empleadas) puede ser sin duda uno de los grandes retos de un nuevo negocio. Y no te hablo solo desde la parte económica, si no a la gestión del día a día, organización, etc.

Partiendo de la base de que va a ser algo que te va a consumir mucho tiempo, que no es fácil, que es posible que no haya personas con experiencia en lo que buscas, y los temas legales. Lo dicho, un reto.

Y eso es solo el principio, pues después deberás gestionar y coordinar su tiempo.

Sobre todo si no tienes experiencia en la gestión de equipos es complejo porque tendrás que decidir si quieres que tus empleados sean más especialistas o más generalistas. Y en base a eso necesitarás más o menos trabajadores en tu empresa.

Plantea muy bien cuantos empleados vas a necesitar realmente, e intenta desarrollar unos equipos que puedan desarrollar las tareas necesarias de un modo efectivo.

Por supuesto ten en cuenta el coste económico de estos empleados. Junto con el local serán de los costes fijos más elevados.

¿Qué herramientas vas a necesitar?

Por supuesto este punto es imprescindible, vas a necesitar herramientas tanto tú como tu equipo. Y no hablamos solamente de las herramientas necesarias para desarrollar tu producto o servicio.

También serán necesarias herramientas para llevar a cabo la gestión de tu empresa, gestión de los equipos, software, material de oficina, etc.

Considera, como en todos los puntos que hemos visto, qué es lo que realmente necesitas, para no quedarte por debajo de lo imprescindible, pero tampoco excederte con gastos innecesarios que hagan peligrar la viabilidad de tu empresa.

También es verdad que cuando vas a iniciar una nueva actividad empresarial, al menos normalmente, dispones, o deberías, de los recursos económicos suficientes para comprar las herramientas necesarias.

Es por lo tanto el mejor momento, y no más tarde, cuando tu capacidad económica puede que sea menor (sobre todo en el primer año de vida de tu negocio).

Asegúrate de comprar al principio lo que necesitas, de forma que puedas desarrollar todos los aspectos de tu actividad.

En definitiva

Repasa todo lo que vas a necesitar para llevar a cabo tu actividad. De todos los apartados que hemos visto, y otros que se te puedan ocurrir o que estén directamente relacionados con tu idea de negocio.

Es necesario tenerlo todo en cuenta, sobre todo para poder trabajar con el siguiente capítulo.

9 PRESUPUESTO DISPONIBLE Y GASTOS PREVISTOS

Sin duda este es uno de los puntos centrales, en cuanto a valorar en la viabilidad de tu idea de negocio y tu capacidad de llevarla a cabo de forma efectiva.

Al menos para conocer su viabilidad en este mismo momento. Es decir si la puedes llevar a cabo ahora mismo, o si necesitarías ahorrar más dinero, pedir algún préstamo o inversión externa.

No te lo tomes a la ligera, pues es bastante probable que vayas a necesitar más dinero del que inicialmente hayas calculado. Esto es algo que pasa casi siempre, se suele pensar que los gastos serán menos y los beneficios más. Cosas del optimismo.

Sí, por bien que lo calculemos y planifiquemos todo, siempre van a surgir imprevistos.

Primero de todo

¿Con qué presupuesto cuentas ahora mismo?

De forma 100% realista, cuánto dinero puedes invertir en hacer realidad tu idea de negocio. Tu dinero que tienes disponible, que podrías utilizar ahora mismo. No un hipotético dinero que estás seguro/ra de poder conseguir cuando lo desees.

Y por supuesto, no cuentes lo que irás ganando cuando tu negocio esté en marcha. No. Insiste cuenta lo que tienes ahora.

Es importante esta distinción pues muchas veces he podido ver ideas de negocio cuyo futuro se basaba en los beneficios que iría generando el negocio una vez lanzado.

Bien, eso, es posible hacerlo. Si estás trabajando en una empresa y cuando te vas a montar la tuya propia, te vas con algunos clientes bajo el brazo. Si eres diseñador/ra o similar, eso puede pasar.

En otros casos es mucho más difícil conseguir que un negocio recién creado se mantenga con sus propios beneficios. Al menos durante sus primeros meses o el primer año de vida.

El caso es que, cuando nadie conoce tu producto, servicio, o marca, es más difícil conseguir visibilidad y ventas. Conseguir que los clientes confíen en tu producto, y lo compren en lugar de los productos competidores que ya conocen.

Por eso, para empezar necesitas un presupuesto previo, unos ahorros, que le den a tu negocio la posibilidad de desarrollarse en sus primeras etapas. Es decir, tiempo.

De forma que calcula de cuánto dinero dispones.

Calcula tus gastos, por lo menos para un año

He visto muchos negocios abrir, para luego cerrar al mes, o mes y medio. Habrás casos de fuerza mayor, sí, pero en otros casos es simplemente mala previsión. Y no quiero que te pase eso.

Como te digo, que un negocio tenga que cerrar en menos de dos meses denota, en muchos casos, una falta de previsión económica. Y es algo que puedes evitar si haces esta parte bien. De hecho en el capítulo anterior viste, o recopilaste todo lo que necesitas para poner en marcha tu negocio:

- El local
- Proveedores (asesoría, materiales, etc.)
- Trabajadores
- Herramientas
- Tiempo de desarrollo del producto
- Etc.

Todo esto representan unos gastos que algunos serán puntuales y otros fijos, recurrentes, mensuales, trimestrales, etc.

Lo mejor es que prepares una hoja de cálculo con todos estos gastos por un periodo de doce meses mínimo.

Por supuesto también debes incluir:

- Tu sueldo
- Los costes de marketing (esto lo veremos en mayor profundidad)

Cuando tengas todos estos datos (recuerda por un año), yo te recomendaría añadir dos meses más de dinero para los imprevistos que vayan surgiendo (yo añadiría más si fuera mi negocio).

Imagina que, una vez tu idea de negocio sea una realidad, y estés comercializando tu producto o servicio, observas que algunos procesos requieren de mejoras, y para ello necesitas comprar una nueva máquina. Ese presupuesto extra te permitiría acometer esas mejoras.

O que te das cuenta que sí o sí necesitas contratar más personal del que habías pensado. O que un proveedor que te daba un precio, cierra, y los que quedan cobran más.

> En fin, no se puede adivinar, así que hay que prever.

Una vez tengas este cálculo realizado, compáralo con tu presupuesto disponible inicial ¿será suficiente?

En caso de que la respuesta sea sí, perfecto, mejor que mejor. Te encontrarías en la situación ideal de poder seguir adelante con el desarrollo de tu idea de negocio.

En caso contrario, tendrás que valorar qué opciones tienes disponibles.

Cuando tus ahorros no son suficientes

En esta sección vamos a darle algunas vueltas a las opciones que tienes para llevar a cabo tu idea de negocio cuando no tienes ahorrado suficiente dinero. Hay opciones.

Todas tendrán pros y contras que deberás de sopesar. La mejor opción siempre será que tengas los suficientes ahorros previos. **Esa es mi opinión para los negocios personales y pequeños**. Evidentemente para startups y empresas de tamaño medio la cosa puede variar.

Veamos pues las opciones:

- **Esperar**

La alternativa quizá más obvia es esperar, y utilizar tus propios recursos para ir ahorrando hasta contar con el presupuesto necesario.

La única pega es que habrás de esperar más tiempo para desarrollar tu idea de negocio. Y bueno, cuando se tiene una buena idea, te parece que en todo momento va a aparecer alguien con esa misma idea, "robándote" tu oportunidad.

Es sin embargo una forma segura y con la que no dependes de terceras personas, lo cual sin duda te aportará cierta tranquilidad, y te permitirá poder hacer las cosas a tu manera.

- **Solicitar dinero a familiares**

Esta es una controvertida alternativa.

Por un lado te puede dar la impresión de que es una forma fácil de conseguir el dinero, sin tener la presión de devolverlo en unos plazos fijos.

Pero, asegúrate de que tus familiares comprenden que los negocios no son 100% seguros y que podrías tardar en devolver el dinero que están invirtiendo. O directamente no poder devolverlo.

> Lo último que necesitas es recibir presiones de tu familia, o que cuando las cosas no vayan bien (si sucede eso) te estén insistiendo en que abandones y busques trabajo "seguro".

Al final tú conoces mejor que nadie a tu familia y puedes intuir cómo reaccionarán, **pero acláralo todo desde el principio.** Suelen decir que el dinero no tiene amigos, y es por un motivo.

- **Buscar posibles socios**

En mi experiencia personal, un buen socio debe ser alguien que te complemente, que tenga aptitudes y conocimientos que tú no tengas, que aporte puntos de vista constructivos y tenga unos objetivos afines a los tuyos.

De esta forma podréis mantener objetivos comunes y trabajar en equipo.

En caso contrario, te puedes encontrar en una situación de discusiones constantes en que cada parte intente imponer su propio criterio, que tenga ideas encontradas. O peor, que tenga su propia idea de lo que debe ser el negocio. Algo nada deseable.

En definitiva, mientras que un buen socio puede convertirse en un gran apoyo que te ayude a desarrollar tu idea de negocio, un socio mal elegido puede ser una de las causas de que tu idea de negocio no llegue a buen puerto.

Así que no te precipites, buscar el socio adecuado puede llevar tiempo, no es cuestión de tomárselo a la ligera. Y por supuesto no te veas obligado/da a aceptar a cualquiera solo porque te lo pidan.

- **Prestamos**

También puedes pedir un préstamo de forma tradicional, a una entidad bancaria, aunque esta no es de mis opciones favoritas.

Por un lado, deberás de elaborar un plan de negocio (aunque para eso este libro debería de poder ayudarte) y casi seguro necesitarás alguien que te avale (un familiar por ejemplo).

Deberás considerar cuánto dinero vas a solicitar, cuales son las condiciones, plazos de devolución y cuanto dinero habrás de devolver.

En esta opción los problemas que se presentan son varios:

1) Has de pedir el aval de otras personas, y esto puede ser, o no ser, una opción disponible para ti.
2) Los plazos de devolución suelen ser muy estrictos.
3) Y por supuesto habrás de devolver más dinero del que te prestaron.

Sin embargo puede ser la única opción viable de conseguir dinero en muchas ocasiones. Ten en cuenta eso sí la presión que puede suponer devolver el dinero en los plazos estipulados. Y que deberás devolverlo vaya el negocio bien, o mal.

Lo ideal será que compares las condiciones que te ofrezcan diversas entidades bancarias hasta dar con la que tenga las condiciones que más se ajusten a lo que necesitas.

- **Inversores**

Encontrar inversores, que quieran poner su dinero en tu idea de negocio, no va a ser tarea fácil. Lo bueno es que todo lo que vimos en el primer bloque te va a resultar de utilidad para mostrarles tu idea desde una buena perspectiva.

Si la búsqueda de inversores es el camino que has elegido, repasa todo lo que vimos en su momento, punto por punto.

El aspecto negativo de los inversores es que, probablemente, y de forma lógica por supuesto, querrán saber qué pasa con su inversión, pues querrán recuperarla y obtener beneficios.

Por lo que es muy posible que deseen tener cierto control sobre las decisiones que se toman en tu empresa. Sí, lo que quiero decir es que cuando hay inversores, el negocio ya no es tuyo, sino de ellos, que para eso ponen el dinero. Tú tendrás capacidad de dirigir el negocio hacia donde tú quieras, siempre que de beneficios.

En caso contrario, es posible que te marquen el camino a seguir, y muchas veces esas decisiones puede que vayan en la misma línea de lo que tú deseas para tu empresa. Pero puede que otras veces no.

En cualquier caso es posible que pierdas cierto control sobre tu empresa, pues en cierto sentido, ya no será tuya al 100%. Debes valorar si estás dispuesto/a a eso.

- **Incubadoras y aceleradoras**

Las incubadoras y aceleradoras de negocios también pueden ser opciones interesantes. Aunque como en el caso de los inversores es muy probable que tengas que aportar un plan de negocios completo.

En cualquier caso puede ser una opción apropiada para llevar a cabo tu idea de negocio.

- **Crowdfunding**

Otra alternativa de inversión está en utilizar las plataformas de Crowdfunding o micro mecenazgo.

En estas plataformas puedes publicar tu idea de negocio y recibir micro-donaciones, que en la práctica son micro-inversiones, de personas interesadas en ver tu producto hecho realidad.

En este caso lo que estás haciendo es difícil la inversión que necesitas entre decenas o cientos de personas.

Puede ser una opción muy interesante para tu idea de negocio, sobre todo en el caso de ideas muy novedosas y que rompan con lo establecido. Productos de nicho, y que de normal sería difícil que encontrasen inversión.

El nivel de libertad sigue siendo total, no hay inversores que te exijan cómo debes hacer las cosas. Aunque sí debes de llevar a cabo tu producto o servicio para "pagar" las microinversiones.

La única pega que podemos encontrar es que necesitarás conseguir visibilidad para tu campaña de Crowdfunding.

O dicho de otra forma, vas a tener que realizar una inversión económica en marketing para conseguir que tu campaña de Crowdfunding sea un éxito.

Bueno, con esto hemos visto algunas de las alternativas que existen para conseguir el dinero suficiente para llevar a cabo tu idea de negocio.

> **Antes de finalizar el capítulo quisiera comentarte un punto que considero de los más importantes de todo el libro.**

Establece hasta donde llegarás, ahora

Por experiencia propia, que ya te conté al principio del libro, sé que cuando estás metido/da de lleno en dar vida a tu idea de negocio, puede ser difícil decidir cuándo has llegado al límite, cuando dejar de poner dinero en tu idea.

Siempre parece que invirtiendo un poco más el negocio despegará. Que invirtiendo un poco más en el sitio adecuado las ventas llegarán.

Lo peor es que siempre te queda la sombra de la duda.

Y sigues invirtiendo.

Cuanto más dinero inviertes, más te parece que perderás si abandonas tu negocio.

En definitiva, es más difícil abandonar tu negocio, tu idea, cuanto más tiempo y dinero le hayas dedicado.

Y eso, sin duda, representa un grave riesgo económico, que es justo lo que estamos trabajando tanto por evitar.

De eso va todo este libro. No solo de que tu idea de negocio sea un éxito, si no de que no acabas en una situación peor que en la que empiezas.

Bien, como está claro que cuanto más avances más difícil será tomar una decisión objetiva, **lo ideal es tomar la decisión antes.**

Ahora que estás mirando cuánto dinero necesitarás, cuanto vas a gastar, cuanto vas a tener que aportar, es también un muy buen momento para tomar la decisión de:

- Cuál será tu gasto máximo.

No importa si es una cantidad superior a lo que tienes ahorrado, pero debe ser algo razonable.

Que tu veas que no es algo excesivo, ni algo de lo que no te podrías recuperar. Es una decisión clave para tu negocio **(y para tu salud mental).**

También el poner una limitación de gasto puede servir para que trabajes en tu negocio de forma más tranquila.

Mira, cuando estás trabajando en lanzar tu nuevo negocio, es muy posible que al principio las ventas, los clientes, no lleguen, o tarden un tiempo en llegar.

Es genial si eso no pasa, y tienes ventas desde el principio.

Pero si sucediera que no tienes ventas al principio, establecer un gasto máximo te ayudará, te ofrecerá la posibilidad de tener paciencia y tranquilidad, de esperar. Porque ya tomaste la decisión de un gasto máximo, y puedes seguir trabajando según el plan.

Es una decisión positiva en todos los sentidos. Y sí, sé que hay muchos libros donde cuentan historias de éxito de negocios que estuvieron a punto de abandonar, y de repente de la noche a la mañana las cosas mejoraron. Pero eso no pasa siempre. Establece un límite aunque este sea holgado.

Cerramos este capítulo

Pero es muy importante que lo revises todo de forma cuidadosa. Un nuevo negocio puede despegar de forma rápida o necesitar de más o menos tiempo para conseguirlo. Lo habitual es que un nuevo negocio requiere de algo de tiempo para comenzar a encontrar clientes, para ir desarrollando la rentabilidad.

Saber cuánto tiempo va a ser necesario, eso es algo difícil de calcular, de forma anticipada, pues es difícil de intuir cómo van a reaccionar tus clientes potenciales.

Lo que sí puedes hacer es calcular los gastos que vas a tener y el dinero con el que cuentas para afrontarlos.

Y ahora, seguimos hablando de dinero, con un tema que me interesa mucho.

10 FORMULA DE CÁLCULO DE PREVISIÓN DE VENTAS

Ahora que ya tenemos calculados los gastos y el presupuesto disponible, es interesante, creo yo, hacer un cálculo de la previsión de ventas.

Cuando estamos trabajando en un negocio físico podemos calcular la afluencia de visitantes viendo el volumen de transeúntes de la calle en cuestión. Si vamos a contratar comerciales podemos establecer unos ratios de volúmenes de ventas estimados por zona.

Lo más frecuente es que hagas unas estimaciones de las ventas que necesitas para:

- Cubrir gastos
- Obtener beneficios

Pero son eso, estimaciones, no son datos 100% reales, tenlo en cuenta porque como decíamos antes, no puedes contar con un dinero que aún no has ganado para tus previsiones de cubrir los gastos.

Cuando tienes un negocio online

Lo primero que necesitas para tener ventas es tener tráfico, visitas. Si nadie llega a tu web, desde luego las ventas no serán posibles.

Por eso la previsión de ventas está relacionada con las campañas de marketing que puedas llevar a cabo. **Así que en la previsión de gastos, incluye una buena partida para efectuar campañas y generar tráfico a tu web.**

De antemano es complicado calcular cuánto tráfico generarán las campañas que lleves a cabo, es difícil de saber cuánto dinero genera cuanto tráfico. Con herramientas como Google Ads es posible obtener estimaciones, previsiones, pero con otras herramientas como:

- Redes sociales
- Marketing de contenidos
- SEO
- Etc.

Es más difícil realizar este cálculo que nos diga tanto dinero ponemos, tanto tráfico generamos, de una forma realista y sin datos previos. Y mucho menos saber cuántas ventas surgirán de ese tráfico.

¿Tiene entonces sentido utilizar una formula de previsión de ventas? Sí, claro. Porque es la forma de que sepas **cuanto tráfico necesitas para alcanzar el volumen de ventas que tienes que conseguir.**

Mi formula de previsión de ventas

La fórmula que te voy a presentar en este capítulo se basa en:
- La previsión por factores de negocio
- La previsión beta
- Y mi experiencia personal

En mi opinión es una formula útil, que te permitirá hacerte una idea aproximada del porcentaje de conversión a venta.

Por supuesto no es una formula 100% precisa, es solo para realizar una previsión con la que hacerte una idea. Yo la he contrastado muchas veces, y ofrece una aproximación razonable.

Veamos los factores que componen la formula.

Agresividad de la oferta

Este es de los primeros factores que debes considerar. Cómo de agresiva es la oferta que presenta tu producto o servicio en comparación con tu competencia. Esa es la clave, no que a ti te parezca una buena oferta, debe ser comparada.

Este será un factor que lógicamente tus clientes percibirán y valorarán cuando tengan que tomar la decisión de compra.

Si por ejemplo tu producto es equivalente a los de la competencia, pero un 15% más económico, como mínimo tus clientes potenciales se lo pensarán antes de comprar un producto competidor.

Así que puntúa con cifras, entre 0 y 10:

- 0 -> si tu oferta es similar a la de tu competencia
- 5 -> en caso de que tu oferta sea algo mejor
- 10 -> si la oferta de tu producto es mucho mejor que la de tus competidores

En este punto, como en todo el libro, intenta ser realista, objetividad, de nada sirve la formula si los datos que le das no son ciertos.

Bueno, luego veremos algún ejemplo completo, pasemos ahora al siguiente punto.

Tipología de producto

Esto no se refiere a nada raro, simplemente si tu producto o servicio es de baja necesidad, o de alta necesidad.

Lo que podemos esperar es que si es de baja necesidad, si el cliente potencial no necesita comprarlo con urgencia, dedique más tiempo a planificar y plantear la compra, comparar, etc. Es decir es menos probable que compre de forma inmediata.

De esta forma asignaríamos estos valores:

- 0 -> si es de baja necesidad.
- 5 -> para un valor intermedio.
- 10 -> si es un producto o servicio de primera necesidad.

Esta pregunta, este punto, está relacionado con el siguiente:

Nivel tecnológico / lujo

Ves, está bastante relacionada, pero me gusta separarla para poder cubrir más posibilidades.

Por ejemplo, tu idea de negocio podría tener como objetivo desarrollar un tipo de producto que es de primera necesidad, como pueden ser unas zapatillas. Pero con materiales exclusivos que lo conviertan en un producto de lujo.

O podrías estar fabricando un microondas que se sincronizase con el móvil por medio de una aplicación.

Por eso estamos dividiendo ambos apartados. En estos casos puntuaríamos:

- 0 -> si el producto es muy novedoso, complejo o lujoso.
- 5 -> en caso de encontrarse en un punto más o menos intermedio.
- 10 -> si es un producto sencillo, cotidiano.

Bien, estamos avanzando, y solo nos quedan dos bloques más. El siguiente sería:

Competidores y sustitutivos

Como no podía ser de otra forma, en la previsión de ventas tenemos que considerar el efecto que tienen los competidores, que seguramente no es poco.

En este caso vamos a puntuar en base a lo siguiente:

- 0 -> si es un mercado saturado de competidores.
- 5 -> en caso de que existan competidores, pero no excesivos en el mercado.
- 10 -> si es el caso de que realmente no existan competidores (caso muy raro).

¡Cuidado! Que dispongas de un diferencial muy concreto, no hace desaparecer a tus competidores. Por ejemplo, si estás desarrollando unas zapatillas con una amortiguación exclusiva, que ningún competidor tiene, eso no quiere decir que no tengas competencia alguna.

Esa tecnología, ese diferencial te puede dar ventaja sobre tus competidores, eso está claro, pero no hace que tu competencia desaparezca por completo.

Por último, un valor importante.

Reconocimiento de marca

Bueno, en este libro estamos planteando desde el principio que tu idea de negocio comienza desde 0. Sin embargo, pueden darse casos en los que ya tengas una marca establecida, y lo que estés haciendo sea lanzar un nuevo producto.

En este caso sí puedes considerar el efecto de la marca existente:

- 0 -> si tu marca es nueva o nada conocida.
- 5 -> en caso de que tu marca sea algo conocida.
- 10 -> en el caso de que tu marca sea muy conocida y favorita de muchos clientes.

También puede ser que trabajes con marcas conocidas, bien sea un cobranding, o que las materias primas sean de buenas marcas, en ese caso considéralo también.

Con esto ya tendríamos todos los puntos, y sería el momento de ver un ejemplo con lo que tenemos hasta ahora.

Ejemplo

Vamos ahora a intentar plantear un ejemplo con todos los puntos que hemos ido viendo, para verlo todo de forma completa. **Imaginemos que el producto en cuestión será un patinete eléctrico de autonomía superior.**

Como estrategia de lanzamiento vamos a intentar que el precio sea similar a la media de otros patinetes similares. Además, durante las primeras semanas podríamos llegar a ofrecer el envío de forma gratuita, para incentivar las ventas.

Así podríamos tener unas cifras similares a estas:

- **Agresividad de la oferta: 3 ->** aunque podemos pensar que la bajada de precio es importante, en realidad deja el producto en la media del resto de competidores. Puede que el producto sea técnicamente mejor, por eso, unido al envío gratis, una puntuación de 3 parece razonable en este caso.
- **Tipología de producto: 0 ->** desde luego no es un producto de primera necesidad.
- **Nivel tecnológico/lujo: 5 ->** no estamos planteando un producto de lujo, pero sí se trata de un producto ligeramente superior al resto de competidores.
- **Competidores y sustitutivos: 2 ->** vamos a darle un 2 porque aunque hay mucha competencia y productos sustitutivos, ofreceríamos un producto mejorado al resto.
- **Reconocimiento de marca: 0 ->** aquí lo dejaríamos a 0 pues nuestra marca no es nada conocida por el momento.

De esta forma tendríamos un resultado final de: 10

¿Del tráfico que podamos generar a nuestra web, un 10% compraría nuestro producto?

> Probablemente, no. Ni de casualidad.

A esta base de formula me gusta aplicarle algunos modificadores, en este caso vamos a ver dos modificadores interesantes y útiles. El primero:

Modificador 1: cercanía del cliente al final del proceso de compra

Este punto hace referencia al tráfico que generarás con tus campañas de marketing.

No ofrece el mismo resultado el tráfico que llega a tu blog, a un artículo titulado *"Mejores alternativas de movilidad urbana"* donde además de patines muestres otras opciones. Que el tráfico que llega a tu página de venta de un anuncio de Google Ads que indica *"Compra ahora por 120 € tu patinete eléctrico de autonomía extrema"*.

Bien, no es lo mismo una situación que la otra.

El tráfico que llega al blog no va a convertir en ningún caso al 10% en su primera visita.

Aquí entraríamos en el uso del modificador:

- **0% ->** si el visitante llega a una página de venta, a través de un anuncio de compra, por ejemplo.
- **(-5%) ->** en caso de que el visitante llegue a una web de tipo informativo / comparativo, por ejemplo a un artículo del tipo *"los 10 mejores patinetes eléctricos"*.

- **(-10%)** -> si es un visitante en una fase muy inicial del proceso de compra.

Así si tomamos el 10% obtenido en la formula base anterior, podríamos tener estas modificaciones:

- 10% de posibilidad de venta si hablamos de un tráfico que está muy próximo a tomar la decisión de compra, y llega a nuestra web con intención de comprar.
- 5% de posibilidad de venta, en caso de un tráfico que está en una fase más orientada a comparar alternativas.
- 1% - 0% en el caso de un tráfico que se encuentre muy en el inicio del embudo.

Estas serían las cifras modificadas, en el caso de que en el paso anterior hubiéramos calculado un 30%, las cifras modificadas podrían ser:

- 30%
- 25%
- 20%

Pero como imaginarás, un 30% es una cifra muy elevada, poco frecuente, excepto en ocasiones como si ya cuentas una marca muy reconocida, y además haces una gran oferta.

En cualquier caso, yo no me quedaría aquí. **A este resultado podemos aplicar un modificador más.**

Modificador 2: Efectividad de la página de venta

Siendo realistas, hay que reconocer que no todas las páginas de venta venden igual.

Cuando tu idea de negocio pase a ser una realidad, y tengas tu web y tu página de venta, poco a poco podrás ir mejorando estas páginas de venta.

Lo normal es que al principio tu página no sea efectiva al 100%, pues los textos de venta los habrás redactado pensando en lo que esperas que motive a tus clientes potenciales, pero puede que no estés del todo acertado.

Sin embargo, conforme puedas ir haciendo pruebas, y tengas contacto con los clientes, podrás ir mejorando estas páginas de venta, anuncios, etc. Incluso puede ser que contrates a un profesional que realice los textos de tu web y paginas de venta (buena idea).

Poco a poco tus porcentajes de conversión serán mejores.

Así, valorando esto podríamos tener estos modificadores:

- **(+5%) ->** en el caso de una página de venta ya muy trabajada y optimizada.
- **(0%) ->** en una página de venta un poco mejorada, pero no al máximo.
- **(-5%) ->** si se trata de una página de venta nueva y sin optimizar.

Quizá te parezca extraño, pero sí, hay páginas de venta que pueden ser contraproducentes para vender el producto o servicio que comercialices. Más de las que imaginas, he visto muchas.

Estos modificadores se aplicarían a los resultados del punto anterior, del modificador 1. Así si en el caso medio del punto anterior nos daba un 5% de posibilidad de venta para un tráfico medianamente cualificado, ese 5% se transformaría:

- **10%** - en el caso de una muy buena página de venta.
- **5%** - se mantendría en una página razonablemente efectiva.
- **0%** - en el caso de una página de venta no muy efectiva.

Ahora creo que ya tienes todas las herramientas para adaptar la formula a tu caso y calcularlo todo bien.

Eso sí, no olvides

Que es una fórmula que te va a dar una aproximación, te será útil para hacerte una idea de cuánto tráfico vas a necesitar para alcanzar las ventas requeridas por tu negocio.

Es mucho mejor que simplemente decir *"necesito x ventas al mes para que mi negocio vaya a flote, y trabajaré al máximo para llegar a esas cifras"*.

Eso es bastante irreal y poco previsor, por lo que espero que la fórmula te ayude a realizar una aproximación más realista.

Será imprescindible a la hora de calcular el presupuesto de marketing también, porque de eso va a depender que alcances las ventas estimadas.

No lo olvides, pues será el marketing lo que te ayudará a darle visibilidad a tu negocio, algo que será imprescindible para su éxito.

Realiza todos los cálculos que necesites, ahora es un mejor momento que después, cuando tu negocio ya esté en marcha.

Ahora, seguimos hablando de dinero.

11 EL PRECIO Y POSIBLE MODELO DE NEGOCIO

Cuando tu negocio ya sea una realidad, lógicamente tu producto o servicio tendrá que tener un precio. Sin embargo no deberías poner el precio a la ligera.

En principio puedes ver el precio como el elemento que cubre los costes de producción y genera los beneficios que esperas de tu negocio.

Así que una forma de calcular el precio es algo tan sencillo como:

- Obtener los gastos totales mensuales.
- Estimar cuantas unidades puedes vender, de producto o servicio (el capítulo anterior te será muy útil para este punto).
- Establecer el precio por unidad para superar los gastos y obtener beneficios.

Esta es sin duda una de las formas más sencillas de establecer el precio para tu producto o servicio. De hecho se conoce como método de fijación del precio a partir de márgenes. Sencillo, pero no es útil en todos los casos, por eso vamos a ver más opciones.

Método de márgenes

Este método es muy sencillo, podemos seguir esta fórmula:

> Costes variables + (costes fijos / unidades que se espera vender)

Por ejemplo, si para vender cada producto tienes que hacer una llamada telefónica a tu cliente potencial, y el coste del comercial que la hace es de 30 € la hora, supongamos una hora por cada unidad de producto vendida.

Luego como costes fijos vamos a poner 1.800 € al mes, y esperas poder vender 100 unidades cada mes, la formula quedaría así:

> 30 € + (1.800 € / 100) = 48 €

Así queda claro que tienes que vender cada producto al menos a 48 €. Si lo vendieras a 50 € ganarías 2 € por unidad.

Ahora, si no llegas a vender los 100 al mes establecidos, no cubres los gastos. Veamos ahora otro método.

Método objetivo

Con este método sí vamos a tener en cuenta el número de ventas necesarias, la formula es así:

> Costes fijos / (precio al que se ha decidido vender − costes variables)

Y para el caso del ejemplo tendríamos:

```
1.800 € / (50 € - 30 €) = 90 unidades
```

Esto quiere decir, que necesitamos vender al menos 90 unidades a 50 € para cubrir los gastos. Bueno este ejemplo no tiene sentido, porque ya habíamos calculado el precio con el ejemplo anterior, es para que veas la formula.

Imagina otro caso en el que por ejemplo, tus gastos mensuales de oficina, sueldos, materiales, etc. Tus gastos fijos sean de 5.000 € y has decidido vender tu producto a 15 €, sin gasto variable, en este caso deberías vender 333 unidades para cubrir los gastos.

Bueno, estas formulas están bien, para que como mínimo, no pierdas dinero al producir tu producto o servicio. Son muy sencillas y como poco, te servirán para que calcules el mínimo al que debes vender (y cuantos debes vender).

Sin embargo el precio es mucho más, es una de tus herramientas de marketing, y como tal debes emplearlo.

Por supuesto que uno de los objetivos del precio será cubrir los costes de producción, pero a partir de ahí el precio:

- Puede servir para diferenciarte de la competencia.
- Ser un indicativo de la calidad de tu producto o servicio.
- O desmarcarlo como un producto de lujo.
- Incluso como una influencia psicológica para hacer ver que el producto es más o menos asequible.

Imagina que vas a comercializar un producto de lujo, pero le pones un precio muy inferior al del resto de competidores. Por un lado puede parecer una buena jugada, sin embargo es posible que tus clientes potenciales perciban que este precio más bajo es porque tu producto no es "tan exclusivo" como otros. Y pierdan interés, porque un precio caro quizá no es un problema para ellos, sino algo que realmente buscan.

El precio lo puede cambiar todo

La satisfacción de tus clientes no se basa solo en que tu producto o servicio cumpla con lo prometido, sino que además el precio se ajuste a lo que "creen" que es justo, o lo que creen que el producto les ha ofrecido.

Si perciben que es inadecuado, es probable que no lo vuelvan a comprar, o que no lo recomienden a otras personas.

Un buen precio incentivará que el cliente compre tu producto, mientras que el precio inadecuado puede ocasionar un rechazo en el proceso de compra.

Entonces ¿qué hacemos?

Bueno, una vez que tienes claro un precio que cubriría tus gastos lo habitual es:

Revisar los precios de la competencia

Al fin y al cabo el precio va a ser un factor que casi todos tus clientes potenciales van a considerar en el proceso de compra.

Por lo tanto, revisa los precios de tus competidores.

¿Tu precio es superior? ¿Inferior? ¿Igual?

No solo tus clientes van a ver el precio de tu producto. Tienen que entender el motivo del precio.

Si es menor tendrás que hacerles ver que el menor precio no afectará a la calidad del producto o servicio, en caso de ser así. Y en el caso de que el precio sea mayor, también será importante que quede claro el motivo.

Para todo esto están las campañas de marketing, tu web, vídeos, etc.

Y esto nos va llevando al siguiente punto.

¿Cuál es el objetivo del precio?

Más allá de cubrir gastos ¿cuál es el objetivo que debe cumplir el precio que vas a establecer?

Por ejemplo, si has calculado que el precio de tu producto debe ser de 50 €, para cubrir gastos, pero tus competidores están vendiendo sus productos a 37 €, puedes hacer varias cosas:

- Ver cómo reducir los costes de producción.
- Buscar proveedores más económicos.
- Lanzar el producto con el precio superior de todas formas, buscando cómo justificarlo.

El precio te puede servir para convencer a tu cliente potencial. Solo has de emplear la estrategia adecuada:

- *"Por solo 13 € más que comprando otros productos inferiores puedes conseguir una solución óptima para tu problema."*

Claro, puede ser que resulte el caso contrario, y que tu producto sea más económico que los competidores, en cuyo caso quizá sea hasta más fácil usarlo en tu favor.

Luego también puedes observar el mercado, si el producto favorito tiene un precio de 57 €, sería raro que el tuyo tuviese un precio de 50 €. Hay demasiada diferencia, tus clientes potenciales pueden pensar que es por una peor calidad.

Sin embargo si le asignas a tu producto un precio de 56 € tus clientes potenciales pensarán que es un producto similar al del competidor, solo que un poco más barato.

Así, de esta forma utilizas el precio para hacer que tu producto parezca similar al competidor que te interese. **Por eso es tan interesante estudiar el mercado objetivo y los competidores, y no solo poner el precio en base a los costes.**

Resumiendo un poco

Vamos a resumir de una forma un poco más clara algunos tipos de precios:

- **Precio habitual:** cuando tu producto o servicio ya esté a la venta, por algún tiempo, el precio habitual será justo ese, el precio que tus clientes ya conocen. Y cualquier cambio, a menos o a más, tendrá repercusión.
- **Precio de prestigio**: este es el precio que tendrían los productos reconocidos como productos de calidad.
- **Precios de referencia**: los precios habitúales para los productos del sector al que se dirige el tuyo.
- **Asimilación** un precio que, como comentábamos antes será similar al del principal competidor.
- **Contraste:** un precio muy diferente (mayor o

menor) que el del principal competidor.

Como puedes ver hay mucho que estudiar y analizar antes de ponerle **precio** a tu producto. Ten en cuenta que **no es algo que puedas ir cambiando cada poco o tu producto sufrirá de falta de credibilidad.**

Aunque no te preocupes, siempre existen opciones para modificar los precios en momentos determinados.

Algunas formas de modificar los precios de forma temporal

Bueno, puede que en algunos momentos te resulte interesante modificar el precio, sin cambiarlo de forma definitiva. Siempre hay momentos en que te puede resultar interesante, y algunas de las herramientas más habituales son:

- Descuentos
- Ofertas
- Promociones
- Etc.

Ponte en el caso de que has calculado que tu producto debe valer 50 €, pero quieres captar muchos clientes en su lanzamiento, por lo que ofreces un descuento del 10% durante el primer mes. De esta forma podrías convencer a los clientes más reticentes de confiar en una nueva marca.

Por supuesto no quiero que se me olvide comentarte sobre posibles

Modelos de negocio

Por ejemplo, imagina que tu producto utiliza recambios. En ese caso podrías utilizar una estrategia de **precio cautivo**.

Esto no es más que lanzar el producto base a un precio muy económico, y los recambios a un precio superior, de forma que el conjunto sea rentable.

Las impresoras y cuchillas de afeitar utilizan este modelo de negocio. Y si tu producto utiliza recambios de forma frecuente, puede ser un modelo de negocio interesante.

En el caso de que tengas un servicio web, podrías estudiar la posibilidad de un **modelo de negocio de tipo Freemium**. Es decir, el acceso a tu servicio comienza con un uso gratuito, y después, para acceder a ciertas funcionalidades el cliente debe pagar.

Otros modelos de negocio interesantes pueden ser algunos como el de *"suscripción"* o el de *"Crowdfunding"*.

Dependiendo de cuál sea tu idea de negocio, sería muy recomendable que estudiaras qué modelo de negocio te resultaría más rentable para tu futuro negocio. Y no solo eso, el modelo de negocio puede ayudarte, y mucho, a diferenciarte de tu competencia, comercializando la solución a un problema, de forma diferente a la habitual.

El modelo de negocio va a influir en el precio de tu producto o servicio, y ya no será simplemente valorar los costes de producción, o de comercialización.

Ponte por caso que tu futuro negocio sea un servicio online, un SaaS. Una vez el desarrollo está completo (en gran medida), quedan tareas de mantenimiento, desarrollos futuros, infraestructura y empleados. Pero ya no hay costes de producción como tal. Entonces ¿cómo fijas los precios? En estos casos de modelos de negocio algo diferentes, se hace necesario calcular el

Valor de vida del cliente

Este puede ser un dato interesante de calcular no solo para los modelos de negocio de tipo suscripción o servicios online.

Es útil para cualquier negocio, aunque es evidente que será difícil de calcular en la fase de idea de negocio. Pues los datos que necesitas serían:

- Valor medio de compra o pedido único.
- Repetición o tasa de recompra.

Estos datos, está claro que ahora no los puedes tener, puedes hacer previsiones en base a la previsión de ventas y una posible intuición de la posibilidad de recompra en base al tipo de producto. Por ejemplo, si se trata de un servicio online de facturación, puedes intuir que al menos un año estarán los clientes utilizando el servicio.

Pero en realidad aún no conoces la capacidad de retención o fidelización de los clientes de tu futura empresa.

Entonces deberías ser muy conservador/a al intuir estos posibles datos. Sobre todo se hace más complejo, sin datos, si tienes:

- Varios productos y no sabes cuál sería un pedido estándar. Por ejemplo en el caso de una tienda online de otras marcas.
- Y si no sabes cada cuanto tiempo volverán a comprar.

Al disponer de un modelo de suscripción, estos datos podrías intuirlos de mejor forma. Pero con otro tipo de productos o servicios es más complejo.

¿Qué te sugiero que hagas?

- Que te bases en el tipo de uso del producto, si es de tipo personal o profesional. Los productos profesionales seguramente tienen una frecuencia de recompra mayor.
- La durabilidad o duración del producto. Cuanto mayor sea la duración, menos posibilidades de recompra.
- Existencia de barreras de salida. Es decir, si hay algo que dificulta que una vez utilicen tus productos, sea complicado que se vayan a la competencia.

Por poner un ejemplo impreciso. Si tu negocio es un ecommerce de productos Gourmet quizá puedas esperar una compra esporádica por parte de cada cliente (dependiendo del target objetivo). Mientras que si tu empresa es un catering para colegios, seguramente trabajes durante varios años con el mismo cliente.

Dale una vuelta a todas estas posibilidades, pero a menos que tengas un modelo de suscripción o de precio cautivo, tendrás que ser cuidadoso/a y volver a este punto cuando tu negocio lleve como mínimo medio año o un año en marcha y cuentes ya con información mucho más precisa.

Algunas formulas que te vendrán bien

Cuando ya vayas teniendo algunos datos de venta, podrás utilizar ciertas formulas para ir calculando el valor de vida del cliente. **Por ejemplo para calcular el valor medio de la compra, podrías utilizar esta fórmula:**

> Valor medio de compra = facturación total / número de compras

Con esta fórmula puedes calcular el valor medio de la compra para un periodo determinado, y así hacerte una idea, de cuánto gasta, de media, un cliente habitual. Solo con este dato ya dispondrías de información muy interesante para tus campañas de marketing.

Pues como mínimo, sabiendo cuanto se gasta un cliente, de media, sabrás lo máximo que te puedes gastar en las campañas por adquisición de cliente. Así no te gastarás en tus campañas de marketing más dinero del beneficio que vas a conseguir, de media.

Otro dato interesante, sería la frecuencia de recompra, para la que podrías utilizar esta fórmula:

> Frecuencia de compra/recompra = número total de compras / número de clientes

Con esta fórmula podrás calcular el dato de recompra, o frecuencia de compra de cada cliente. Un dato que por sí solo es interesante, pero que aplicado a la siguiente formula aún se vuelve más útil:

> Valor medio por cliente = Valor medio de compra por cliente * frecuencia de compra

Así imaginemos que en el primer año tu negocio tiene una facturación de 80.000 € en un total 53 compras.

> Valor medio de compra = 80.000 / 53

El valor medio de la compra será de 1.509 €

Luego si tenemos que esas 53 compras, las han realizado 47 clientes tendremos que:

> Frecuencia de compra/recompra = 53 / 47

El porcentaje de recompra es de 1,127

Y en conclusión el valor medio por cliente, durante un año sería de:

> Valor medio por cliente = 1.509 * 1,127

El valor medio por cliente en un año es de 1.700 €

Bien, con esto puedes conocer muy bien cómo de rentable es cada cliente para ti. Tendrías eso sí que calcular el tiempo de retención de los clientes.

Para eso podrías ir revisando fechas de compra de los clientes, en caso de que en tu producto sea posible, y ver cuando realizan sus primeras compras, y cuando realizan la última.

En el caso de modelos de suscripción tendrías que calcular también el tiempo que permanecen suscritos. Con ese cálculo y el del valor medio podrías saber el beneficio en la vida útil de cada cliente.

Pero como te decía antes, sin datos reales es muy difícil hacerse una idea, por lo que hay que tener mucho cuidado con las previsiones.

Es tu turno

Piensa bien el precio de tu producto o servicio. Intenta, si te es posible, que no sea solo cuestión de cubrir los costes de producción.

El precio se debe adaptar, casi siempre, al mercado. Ten en cuenta los precios de tus competidores, que serán los que tus clientes objetivo conozcan, y por supuesto de los productos líderes o favoritos.

> **Cuidado**: si en tus cálculos descubres que, debido a tus procesos productivos, gastos de personal, locales, etc. El precio de tu producto final es superior al de tus competidores, analiza el motivo. Si tu producto, y su diferencial justifican la diferencia de precio, hay posibilidades de comercialización.
>
> Sin embargo si tu producto es equivalente, o muy similar, pero más caro, estudia el motivo. ¿Quizá haya economías de escala implicadas? ¿Quizá han llegado a mejores acuerdos con los proveedores? ¿O tienen un margen de beneficios muy bajo?
>
> En esta situación si no puedes hacer nada por corregirlo, es en mi opinión, mala señal.

Como resumen podemos decir que un precio adecuado para tu producto generará confianza en tu cliente potencial.

Estúdialo bien, pues el precio debe ser el adecuado para la viabilidad de tu negocio.

Puedes pensar en algunos casos que un precio reducido facilitará que compren tu producto. **Es un error habitual, vender más barato que la competencia al empezar.**

Si lo haces, recuerda que en ese caso necesitarías

vender un volumen de producto o servicio mayor. Algo que no siempre es fácil al estar comenzando un negocio.

> Vender poco, y con poco margen de beneficios, es una forma de poner el futuro de tu negocio en riesgo. Si no necesitas hacerlo, evítalo desde la base, desde la idea de negocio.

Espero que este capítulo te ayude en este tema tan importante.

12 ESCALABILIDAD

Tu idea de negocio puede ser simplemente para "auto trabajo", es decir una forma de crear empleo para ti, o puede ser algo más ambicioso, con expectativas de crecimiento y contratación de personal.

La escalabilidad indica esa capacidad que tendría tu futura empresa para crecer en caso de que las cosas vayan bien, y que tú quisieras claro.

En los capítulos anteriores pudiste calcular tus gastos, previsión de ventas y precio. **Todo eso te dará una idea de la relación entre el volumen de ventas y los beneficios de tu empresa.**

En este punto puedes pensar que a más volumen de ventas tendrás más beneficios, y a veces es así sin duda. Eso sí, lo habitual, es que producir más, también lleve asociados unos costes superiores:

- Más empleados.
- Más materias primas.

- Más horas de trabajo.
-

De forma que si no has calculado bien los márgenes de beneficios, o produces mucho más volumen (gran escala) o quizá no te salga rentable la mayor producción. Vamos que puede ser que produzcas más, pero que te quedes igual en cuanto a beneficios.

Ponte por caso una empresa de diseño gráfico, he conocido muchas. Si no consiguen clientes que paguen unos precios adecuados, contratar más personal solo les permite atender más clientes, o más proyectos de los que ya tienen. Pero los beneficios de la empresa en realidad no escalan, aumentan, pero en la misma proporción que los gastos. Por lo tanto todo queda igual. Ciertamente no es rentable.

De esto trata la escalabilidad, de si tu empresa podrá crecer en rentabilidad, o no. No solo crecer por crecer.

Para eso es importante que sepas

Cuánto cuesta producir tu producto o prestar tu servicio

Esto no lo hemos comentado de forma directa en los capítulos anteriores. Pero sí **mencionamos los costes de producción como algo necesario para calcular el precio, etc.**

Es importante, de cara a valorar la escalabilidad de tu negocio que conozcas:

- Cuánto dinero cuesta producir una unidad de producto.
- Cuanto tiempo de producción requiere.

- Cuantas personas hay implicadas (incluidos proveedores).
- Cuánto va a costar, aproximadamente, su comercialización

Sabiendo esto ¿ves formas de reducir costes en producción de gran volumen?

Es lo que se conoce como *"economías de escala"*. Tienes que valorar si dispones de posibilidades de reducir costes conforme produces volúmenes mayores.

Por ejemplo podrías negociar con tus proveedores para ver si comprando más volumen podrían hacerte mejores precios. O ver si te es posible optimizar los procesos productivos conforme el personal va adquiriendo experiencia, o si es posible prefabricar o estandarizar elementos, etc.

Comprueba, en la medida de tus posibilidades todos estos puntos porque esta sí es una buena forma de mejorar la rentabilidad, mediante la escalabilidad.

La escalabilidad de tu futuro negocio

Quizá sea lo último en lo que estás pensando en estos momentos. Al fin y al cabo pensar en las posibilidades de hacer crecer tu negocio en estas primeras fases, cuando todavía solo es una idea, parezca precipitado y lejano.

Sin embargo, este libro va de eso, de analizar si tu idea de negocio te será rentable o no. Y es necesario que analices qué es lo que quieres conseguir.

Si quieres un trabajo para ti, con el que vivir a tu manera, es genial.

Si quieres un negocio que crezca, también es genial. Es tu idea de negocio y tu futura empresa.

Lo que estamos tratando de evitar a toda costa es una idea de negocio que te mantenga algunos años con el dinero justo, hasta que te canses y decidas cerrar el negocio porque te veas atado/a.

13 CONCLUSIÓN FINAL DEL BLOQUE

Bien, al igual que en el primer bloque, voy a finalizar este con algunos consejos, o aspectos con los que deberías tener más cuidado para valorar cómo de viable es llevar a cabo tu idea de negocio. Siempre desde mi opinión y experiencia.

Yo creo que lo que más debes de cuidar es el cálculo de tu presupuesto y los costes y gastos que vas a tener durante el primer año. Como mínimo eso.

> **Porque si no puedes hacer frente a los gastos previstos, tendrás que buscar una solución.**

Sé que puede ser muy tentador montar y lanzar tu negocio cuanto antes. Sobre todo en el caso de negocios de tipo "freelance" o autoempleo, en los que a primera vista no parece haber muchos gastos.

Ejemplos de negocio de este tipo podrían ser el desarrollo de páginas web, diseñadores gráficos, cursos online, coaching...

Más o menos ya ves a qué tipo de negocio me refiero

¿verdad? Así a primera vista puede parecer que no es necesario mucho dinero, o planificar mucho más allá del mobiliario, equipos informáticos, software, asesoría, etc.

En cualquier caso no debes de olvidar:

- Tu propio sueldo
- El presupuesto necesario para marketing

En este último punto no me canso de insistir, una y otra vez, porque he visto que es algo importante, y he visto muchos negocios estancarse porque no disponían de presupuesto para acciones de visibilidad.

Tienes que reservar presupuesto para marketing

Cuando lanzas un nuevo negocio o producto, tienes que invertir en marketing para darlo a conocer, conseguir visibilidad, y los primeros clientes.

Si planteas un negocio físico, puedes esperar que algunas personas pasen por delante de tu tienda y oficina. Pero si tu negocio va a ser online **vas a tener que invertir en visibilidad sí o sí.**

> Hablaremos un poco más sobre esto en el último bloque, pero por ahora, considera imprescindible disponer de dinero para marketing si quieres que tu negocio consiga visibilidad y sus primeros clientes.

Otro aspecto delicado es el

Cálculo del coste de elaboración del producto o prestación del servicio

Si ya has trabajado en el sector de tu futuro negocio, quizá lo tengas más claro desde el principio. En caso contrario, puede ser algo más difícil de calcular los costes de producción.

Por eso decía que ese es un punto delicado. Porque es posible que se te pase alguna cosa por alto, y no tengas en consideración todos los aspectos.

Y por eso hablamos hace algunos capítulos de la elaboración de un prototipo que te permitiera analizar bien todos los costes y procesos productivos.

Dale todas las vueltas que puedas, pues es algo que afecta a todos los cálculos económicos de tu negocio:

- Costes operativos del negocio.
- Beneficios.
- Precio.

Si el cálculo del coste de producción difiere mucho de la realidad, puedes encontrar problemas más tarde.

Cuidado con algunos modelos de negocio

Algunos modelos de negocio pueden parecer ideales por su sencillez o porque requieren de muy poca inversión para comenzar.

Se me ocurre por ejemplo el modelo de negocio de dropshipping, al que se le ha dado mucha publicidad y que para muchos es la solución definitiva con la que conseguir ganar mucho dinero con una inversión mínima.

Esto puede ser verdad en algunos casos, pero hay que tener mucho cuidado.

En este tipo de negocios, es cierto que nos ahorramos la producción, la gestión y el envío de los productos. Pero por otro lado será más difícil:

- Disponer o agregar un valor añadido, un diferencial a los productos.
- Será difícil diferenciarse de la competencia, porque además, técnicamente podrían vender los mismos productos.
- No hay control sobre la marca ni sobre el desarrollo del producto.

También hay que tener cuidado porque puede ser posible, o necesaria, una inversión en marketing para captar tráfico, o desarrollar el SEO del sitio web. Y tendremos que asegurarnos de que los márgenes de venta van a ser suficientes.

Por otro lado, es posible que la gestión final de quejas y devoluciones también quede a tu cargo, y que haga que no sea tan rentable.

A este tipo de negocios se les ha dado mucha publicidad, pero no son la panacea, tiene sus dificultades también. Estudia muy bien las cifras, estudia la competencia, para ver realmente si tendrás un margen de beneficios.

Si vas a optar por este tipo de modelo de negocio, asegúrate de que el nicho de mercado admite más competidores. Y si realmente hay algo que puedas hacer para superar a estos competidores.

Cuidado también con las franquicias.

En algunos casos puede resultar muy interesante contar con una marca reconocida que nos pueda ayudar. Pero habrás de tener en cuenta que:

- No tendrás control sobre el desarrollo del producto.
- Ni sobre las acciones de marketing o evolución de la imagen de marca.
- Hay, normalmente, un gran número de pagos en concepto de royalties y publicidad.

Puede ser interesante, pero también le quita la parte creativa a la gestión de tu negocio, quedando más la parte operativa.

Los casos que he conocido han tenido quejas sobre todo en el apartado de no tener libertad para gestionar los precios en momentos en los que les hubiera venido bien poder bajarlos un poco. O la libertad de realizar sus propias acciones de marketing. Pues en estas partes dependen de la casa madre.

Al final todo este bloque ha dado vueltas al tema económico

Y es así porque por buena que sea tu idea de negocio, vas a necesitar dinero para ponerla en práctica.

Sí, quizá no es la parte más divertida.

Sin embargo algo que debes evitar, en la medida que puedas, es encontrarte con problemas económicos nada más comenzar tu negocio.

Ten en cuenta que vas a encontrar bastantes dificultades, como encontrar clientes, posibles problemas de producción, empleados, proveedores…

Sobre todo, los primeros meses, puede ser complejo encontrar clientes. Que no te engañe nadie con eso, por favor. Por eso, no añadas más presión en forma de problemas de falta de liquidez.

Creo que eso resume la idea más importante que hemos visto en este bloque.

Tienes que darle a tu negocio la oportunidad, el tiempo suficiente, para que no solo puedas recuperar tu inversión, si no para que genere beneficios.

Si no le das tiempo, eso no podrá suceder.

BLOQUE 3º - VALORAR EL MARKETING DE TU IDEA DE NEGOCIO

Tu idea de negocio

14 PRESUPUESTO PARA MARKETING

En este libro no te voy a hablar de la preparación del plan de marketing, ese es un tema complejo para abordar en su propio libro. Eso no quiere decir que no lo debas considerar.

En este caso, en este libro, mi intención desde el principio es mostrarte los puntos clave para saber si podrás llevar tu idea de negocio al éxito de la forma más segura posible, evitando los errores habituales, **que no son pocos.**

Y uno de los errores más frecuentes es sin duda no contar con el presupuesto para marketing suficiente.

En el bloque anterior pudiste ver mi formula de previsión de ventas. Con esa fórmula, y la previsión de gastos deberías poder calcular una cifra de tráfico necesario para conseguir las ventas que requiere tu negocio. De forma aproximada, no olvidemos eso.

La formula por supuesto no es perfecta, así que lo ideal es

que añadas el margen económico suficiente.

No tener presupuesto para marketing es muy arriesgado para tu negocio.

Bien, vayamos ahora paso a paso. Lo primero que vas a necesitar es

Una página web

Si esto aún no lo tienes solucionado, es el momento de pedir presupuesto y comenzar a mover el tema. No puedes vender online sin una web.

Mi recomendación es que no la compliques en exceso. Que sea fácil de navegar, sin muchas secciones si es posible, y sobre todo que puedas modificar todos los textos tu mismo/a.

Básicamente céntrate en que tu web:

- No sea muy recargada.
- Sea sencilla de navegar.
- Cargue rápido.
- Y que puedas modificar todos los textos.

Con eso será suficiente para la mayoría de negocios que puedas tener en mente. O al menos para ir comenzando, y luego poco a poco ir ampliando en caso de ser necesario.

Y una vez que tengas tu web tendrás que pensar en cómo llevarle tráfico, porque si no, no sirve de mucho. Y bueno, hoy día es difícil que el tráfico llegue por si solo, por el mero hecho de tener una web. Para esto una alternativa interesante es

Google Ads

La ventaja principal de Google Ads está en que muestras los anuncios de tu producto o servicio a personas que están buscando en ese momento y de forma activa una solución a sus problemas o necesidades.

Por lo que en principio su interés es bastante elevado, estén interesados en comprar, y seguramente reaccionen a tus anuncios.

Lo cierto es que Google Ads da buenos resultados. Yo llevaré utilizándolo más de 15 años y funciona muy bien. Es de las cosas más efectivas cuando tienes una web nueva y quieres llevar tráfico interesado en comprar.

Eso sí, es necesario cuidar mucho el presupuesto que vamos a utilizar. **Un presupuesto muy reducido no permitirá optimizar las campañas de forma adecuada para que den resultados.**

La cifra va a depender mucho de tu sector, es difícil aventurarse sin conocerlo, pero en mi opinión un presupuesto útil que te permitiría trabajar sería aquel que te permita conseguir un mínimo de 15-20 clics al día. Con eso sería posible comenzar a trabajar.

El caso contrario, un presupuesto muy limitado, no serviría de mucho. Por ejemplo un presupuesto de 5 € al día. Vamos a pensar que si el coste medio por clic para el mercado objetivo es de 1,5 € y el coste por conversión pudiera ser de 12 € ¿de qué serviría el presupuesto de 5 € al día? Ni siquiera conseguiríamos una conversión.

Al final nos llevaría a perder mucho dinero.

Para calcular un presupuesto razonable puedes utilizar

la formula de previsión de ventas, y el coste por clic medio que te puede ofrecer la propia herramienta de Google Ads.

Bien, además de esta herramienta, te será útil disponer de:

Un blog y contenidos

Puedes generar mucho tráfico y visibilidad de forma orgánica gracias a los contenidos de tu blog.

Y no solo eso, puedes responder a muchas dudas que puedan tener tus clientes potenciales acerca de tu producto o servicio. O algo mejor, dudas sobre su problema o necesidad.

Muchos de ellos buscarán en internet las respuestas, y lo ideal es que las encuentren en tu web y no en la de tus competidores ¿verdad?

Estos contenidos los puedes redactar tú, o tu equipo, o en última estancia los puedes contratar a una empresa externa. Si los haces tú seguramente te resultarán más baratos, pero una empresa es posible que tenga más experiencia en la redacción de contenidos. Eso ya has de valorarlo acorde al presupuesto del que dispongas.

En todo caso, tienes que ser realista, de nada sirve publicar tres o cuatro artículos y luego dejar el tema olvidado para no publicar nada más en meses.

Lo recomendable, en mi opinión, es publicar un contenido semanal, o como mínimo uno cada quince días.

Si no vas a poder redactar contenidos con esa frecuencia, sería recomendable que pidieras algunos presupuestos de desarrollo de contenidos, para ir viendo qué opciones vas a tener.

En definitiva algunos contenidos vas a necesitar, busca la forma de conseguirlos, porque además te ayudarán a mejorar o al menos trabajar el SEO de tu web.

El SEO de tu web

Al principio hablamos de generar tráfico a tu web utilizando Google Ads. Esa es una buena forma de obtener tráfico de pago.

Lo bueno del tráfico de pago es que es inmediato. En cuanto comienzas a pagar, te llega tráfico a tu web. Y lo malo es que en cuanto dejes de pagar, el tráfico desaparecerá.

Por eso tienes que tener una alternativa, y hay varias. La más habitual es trabajar el tráfico orgánico. Eso se consigue a través del SEO. Es decir aparecer en las búsquedas que hagan tus clientes potenciales de forma natural.

Busca alguna agencia que sea fiable y pide varios presupuestos. Evita las agencias demasiado económicas o que hagan promesas poco realistas. Lo habitual es que el SEO ofrezca resultados a medio plazo, por lo que tendrás que tener paciencia (como mínimo algunos meses).

Otro alternativa para generar tráfico es el

Marketing por email

¿Sabes lo que pasa con la mayor parte del tráfico que llega a tu web? Que se van y no vuelven. **Por lo tanto estás perdiendo dinero. Y no poco.**

Una forma de evitarlo es utilizando una herramienta de email marketing. Consiguiendo los emails de esas visitas que llegan a tu web.

A través de un formulario de suscripción.

Estos contactos son tremendamente útiles porque, aunque no te hayan comprado en la primera visita, podrás enviarles emails con cierta frecuencia, lo que te permitirá intentar la venta en más ocasiones.

Además la mayoría de herramientas de email marketing incluyen algún tipo de cuenta gratuita (como es el caso de Mailrelay.com), con lo que utilizar estas estrategias de marketing no aumentará tus gastos.

Piensa que es una herramienta con la que puedes estar en contacto con tus clientes actuales y futuros:

- Enviar novedades
- Ofertas
- Promociones

Es una herramienta muy útil.

Temas legales / RGPD

Además de una web, vas a necesitar que esta cumpla con todos los aspectos legales necesarios.

Textos como la política de privacidad, cookies, políticas de uso, información en los formularios de suscripción, etc.

Todos estos textos deben ser realizados para tu negocio, así que nuevamente vas a tener que pedir algunos presupuestos para estos temas.

Si vas a montar un ecommerce fíjate bien en disponer también de los textos de la política de devolución de los productos.

Redes sociales

Bueno, a día de hoy sería raro que tu negocio no estuviera presente en alguna red social. Al igual que con los contenidos del blog, esto es algo de lo que te puedes encargar tu mismo/a o contratar a alguien para que lo haga.

Y luego por supuesto tienes la posibilidad de patrocinar tus publicaciones para que lleguen a más personas. En mi opinión, dependiendo del tipo de producto será más fácil o más difícil vender en redes sociales.

Si no te sobra presupuesto yo preferiría gastarlo en Google Ads, pero puede depender del tipo de producto o servicio que tengas. Conseguir visibilidad en redes sociales será también interesante en el caso de una nueva marca.

En definitiva

Son muchos los aspectos que debes de considerar a la hora de presupuestar tus gastos en marketing. Te he hablado de algunos de los puntos más importantes, pero hay muchos más, como linkbuilding, patrocinio de contenidos, etc.

Y, si la inversión que vas a realizar en marketing es muy elevada, podría ser interesante que contratases a un encargado de marketing. Una persona que se encargue de gestionar todos estos aspectos de manera eficiente.

Vale la pena, pues si no, en muchos casos, las cosas al final no se hacen. Lo he podido observar muchas veces. Hay buenas intenciones, pero no hay tiempo por una cosa o por otra, y al final todo se va dejando. Pon a alguien para que se encargue del marketing.

15 SOFTWARES Y SERVICIOS

Además de todo lo que hemos comentado como gastos de marketing también debes considerar otros posibles gastos a nivel de aplicaciones o servicios.

Quizá no todos sean necesarios en un primer momento, pero puede que otros sí. Yo te voy a mencionar los que creo que son más recomendables.

Pero antes de continuar me gustaría comentar una cuestión que no sabía muy bien si encajar en este capítulo o en el anterior, al final ha quedado en este, se trata de:

Crear tu propia web, usar una fan page o vender en un marketplace

Aunque no lo creas, hoy día hay muchos negocios que trabajan sin web propia. Algunos utilizan **fan pages en Facebook**, mientras que otros deciden trabajar directamente en **marketplaces, como Amazon o Etsy**.

Si no te lo habías planteado, en realidad no es algo tan raro, y de hecho muchos Influencers no disponen de web. Por un lado, tienes algunas ventajas:

- Te ahorras el dinero de una página web.
- Así como de su mantenimiento.
- De los textos legales.
- Si trabajas con un marketplace, te ahorras las pasarelas de pago.
- Y, por supuesto, tienes acceso directo a clientes con intención de compra.

Son algunos beneficios interesantes, en los que te ahorras mucho dinero y desarrollo de soluciones técnicas. Sin duda vale la pena considerarlo, al menos. Eso sí, también has de **considerar las desventajas:**

- Tu producto estará rodeado de competidores.
- Con solo una página de venta, quizá te resulte más difícil transmitir el diferencial de tu producto.
- Directamente no sirve para todos los productos y servicios.
- Y estarás a merced de las decisiones de negocio de esas empresas, que pueden cambiar sus políticas, o incluso desaparecer.

Por ejemplo, en mi caso, para comercializar este libro, me es útil utilizar Amazon, porque me evita muchas gestiones, y me ahorra tener que programar pasarelas en mi web. Quizá en el futuro si veo que las ventas van realmente bien, decida vender directamente en mi web.

En ese caso podría poner precios más agresivos, pues no tendría competencia, eso sería interesante. Pero, en mi caso, primero tengo que evaluar la viabilidad, y utilizar un marketplace es más rápido, no requiere mantenimiento, y es sencillo.

Y si quiero puedo llevar tráfico a la página de producto desde mi web. En este caso, en mi opinión, tiene sentido trabajar con un marketplace, porque no quiero tener que estar pendiente de ciertos procesos.

Dale algunas vueltas en tu caso, quizá te sea útil, y también puedes tener tu web y a la vez vender en el marketplace, llevando tráfico desde tu web, como hago yo. Va a depender de tu idea de negocio.

Chat

Otra de las ventajas de tener tu propia web es que podrás disponer de un chat de soporte y atención al cliente.

Un chat online puede ayudarte con la conversión, solucionando las posibles dudas que tengan los visitantes de tu web.

Considera no solo el coste del software de chat, sino que además alguien tendrá que estar conectado para dar el soporte. En mi opinión, vale mucho la pena si te lo puedes permitir porque si bien pocos clientes potenciales te van a enviar un mailing, o llamar por teléfono, si tienen algunas dudas. Es mucho más posible que te consulten utilizando el chat que haya en la web.

¿Por qué? Porque muchos no querrán que guardes datos de contacto que puedas utilizar luego para intentar vender.

Y es además una forma genial de conocer las necesidades de los clientes, por lo que además ayudará bastante a mejorar las campañas de marketing.

Software de facturación y contabilidad

Esto es útil tanto si emprendes en solitario, como si tu idea de negocio implica a más personas.

Lo último que querrás hacer cuando montes tu negocio es estar horas y horas revisando facturas, corrigiendo errores de facturación, etc.

Aunque tengas empleados que se encarguen de esto, lo ideal es utilizar un software de facturación que ahorrará mucho tiempo y problemas. Para que puedas dedicarte a las cosas que realmente te gustan de tu negocio.

CRM

Este es otro software que puede ser imprescindible dependiendo del modelo de negocio. La utilidad de este software es gestionar tus clientes, sus compras, con lo que podrás conocer el valor medio del cliente, que comentábamos hace poco.

Podrás saber también cuáles son tus mejores clientes, analizar los motivos, etc.

En todo caso

No te compliques demasiado

Se puede hacer mucho con muy poco. Revisa tus procesos de negocio, el tiempo que tendrás disponible, y donde un software puede ahorrarte tiempo y hacer que seas más eficiente.

Al final eso es lo que queremos cuando tenemos un negocio, tener más tiempo para dedicarlo a esos aspectos del mismo que mejor se nos dan. Y en los que podemos ser más rentables.

Y por supuesto tener una mejor comprensión de nuestros clientes.

16 POSIBLES BARRERAS DE SALIDA EN LOS PROVEEDORES ACTUALES

Cuando vayas a lanzar tu idea de negocio, deberás considerar, como ya hemos comentado mucho a lo largo del libro, que no estará sola en el mercado, que habrá muchos productos o servicios competidores.

Esto es importante porque es en ese mercado de competidores dónde vas a comercializar tu idea de negocio.

Y como te anunciaba al principio, tendrás que considerar:

¿Por qué tus clientes potenciales usan los productos de la competencia?

Analizar esto es útil para averiguar qué competidores son más fuertes y porqué motivos.

¿Qué funcionalidad, qué características son las más importantes y mejor consideradas por los clientes? De entre todos los competidores ¿cuál es el favorito o líder del mercado?

¿Por qué?

Lo que necesitas sabes es justo eso, porqué entre todas las opciones, los clientes eligen a esos proveedores en cuestión y no a otros.

Puedes basarte en opiniones, reviews, y también en las propias páginas web de los competidores, ¿qué es lo que destacan? ¿Con qué o cómo intentan convencer a los clientes potenciales de que son la mejor opción? Si se trata de productos, puedes comprarlos para conocerlos. Visita sus páginas web.

Incluso puedes contactar con sus comerciales o servicio de soporte para ver cómo trabajan. ¿Quizá está ahí la diferencia y no en el producto o servicio?

Además y quizá más importante

¿Qué barreras de salida existen en esas soluciones?

Esto quizá es más complejo de analizar, pero debes considerar que hay muchos motivos por los que tu cliente objetivo desee seguir utilizando la marca que conoce, o su proveedor actual. Ya conoces el refrán *"más vale malo conocido que bueno por conocer"*. En cuestiones relativas a un gasto económico, hay muchas personas que pueden comportarse de un modo muy conservador.

En algunos casos será simplemente una preferencia por la marca en cuestión. Porque les ofrece confianza, les gusta, les hace sentir bien, es la que han comprado siempre, o la que han visto comprar a sus conocidos, etc.

Sin embargo en otras ocasiones la cuestión será más compleja.

> El cliente potencial percibirá una posible pérdida en caso de cambiar de proveedor. Es decir, puede pensar que no todo va a salir bien con el cambio.

Este es un concepto interesante porque muchas veces el cliente **preferirá seguir con una solución que no es perfecta**, o incluso con la que tiene algunos problemas, **antes que cambiar de proveedor. Porque lo vea arriesgado.**

Hay algunos motivos para esto:

- El cliente potencial no está 100% seguro de que el nuevo proveedor no presentará también algunos problemas. Incluso los mismos que tiene ahora mismo.
- Es consciente de que cambiar de proveedor requiere de ciertos procesos y trabajo. No es algo inmediato en muchos casos. Además de que en sectores B2B puede implicar una adaptación del personal, formación …
- Y que puede haber otros costes que no haya previsto. Siempre puede surgir algo de repente que no se haya tenido en cuenta antes.

Estas preocupaciones sin duda harán que el cliente potencial se piense mucho la posibilidad de cambiar de proveedor. **Más lo hará cuanto más dependiente sea del producto o servicio en cuestión.**

Por ejemplo, imagina que tu futura empresa se dedicará al desarrollo y programación de tiendas online.

Para los clientes sin tienda online tendrás que ver la forma de convencerles de que tu servicio es el óptimo en su caso. Precio, tiempos, resultados, etc.

Sin embargo, en caso de que el cliente potencial ya disponga de una tienda online, de su ecommerce, tendrás más trabajo.

Al cliente le preocupará que haya problemas con el cambio, que lleve más tiempo del esperado, quedarse algunos días sin servicio, perder ventas, que el resultado final no sea tan bueno como desea, etc.

Aunque no esté contento con lo que tiene ahora mismo, verá que el cambio conlleva ciertos riesgos que debe considerar también. Y es posible que tenga bastantes dudas sobre los posibles beneficios.

Esos riesgos son los que debes localizar.

Para convencer a tu cliente de que el cambio a realizar será sencillo y positivo, que ya has considerado todos los aspectos necesarios. O aunque no sea sencillo, porque no siempre tiene que serlo, que sepa que es un cambio positivo, del que obtendrá beneficios.

Muy pocos proveedores tienen esto en cuenta

Y sin duda puede darte una gran ventaja a la hora de preparar tus campañas de marketing. Para ello solo tienes que tener en cuenta:

- Beneficios de los competidores.
- Dificultades del cambio.
- Beneficios de tu producto.

Observa qué elementos son los que retienen a tu cliente potencial en el uso de su proveedor actual. A qué cosas se aferra. Porque seguramente no todo será el precio.

Y sabiendo todo esto tienes que mostrarle la ruta con la que va a poder conseguir lo que necesita, sin problemas ni riesgos derivados del cambio. Y por supuesto con todos los beneficios posibles.

Eso es esencial para que tu idea de negocio se vaya abriendo camino en el mercado. Sobre todo al principio cuando es posible que los clientes tengan más dudas sobre tu marca.

Ser capaz de convencer a tus primeros clientes, será un apartado clave.de los primeros meses de tu negocio.

17 OBJECIONES Y FRICCIONES

Es muy posible que revisando los puntos del capítulo anterior te hayas encontrado con lo que podríamos llamar objeciones y fricciones en el proceso de compra.

Puedes observarlo analizando las páginas de venta de los competidores, sus procesos de compra o contratación y estudiando a tus clientes objetivo. ¿Qué aspectos te harían dudar de continuar el proceso de compra?

Las objeciones

Son elementos de rechazo fuertes. Si no se solucionan o damos algún tipo de respuesta el cliente no comprará.

Por ejemplo, el precio. Si tu producto o servicio es más caro que los competidores, o más caro de lo que el cliente potencial cree que debe pagar, el precio se convertirá en una objeción para la compra.

Si el cliente cree que el producto o servicio no es el idóneo para su necesidad, si no lo comprende…

O incluso si no tiene tiempo de valorar otro producto, todo eso son objeciones que muy probablemente impedirán la compra.

Cuando planifiques tus campañas de marketing o prepares los textos de tu web, asegúrate de dar respuesta a las objeciones más importantes:

- Precio
- Comprensión
- Idoneidad
- Tiempo

Siempre dentro de una perspectiva lógica y adecuada para el sector al que te diriges y los competidores que habrá en el.

Por ejemplo si tu producto se dirige a un mercado de lujo, y su precio está en consonancia con los precios de los competidores, no será necesario justificar que el producto sea caro, pues es lo que el cliente esperará (y en algunos casos será lo que busca).

Luego tenemos las fricciones

Las fricciones son ligeramente diferentes a las objeciones. Las fricciones son más como "molestias" que se encuentra el cliente potencial en el proceso de compra.

Por ejemplo, que el proceso de pago tenga muchos pasos, puede resultar molesto para el cliente potencial. Ya dependerá del grado de interés o necesidad que tenga el cliente, para que esta fricción haga más o menos efecto.

Por otro lado no disponer del método de pago preferido puede ser más grave, preocupar al cliente. Puede incluso convertirse en una objeción para algunos clientes (idoneidad).

Y que termine por no comprar.

De forma general podemos encontrar fricciones en todos los procesos de compra.

Sobre todo cuando lances tu producto o servicio, tendrás muchas cosas que corregir y optimizar.

Por mucho cuidado que pongas en el análisis previo es normal que algunas cosas se escapen y haya que corregirlas luego.

Imagina que una vez lanzas tu negocio, constantemente te preguntan alguna duda concreta ¿no añadirías una explicación en algún sitio bien visible? Sería lo normal.

O imagina que no encuentran la forma de comprar porque la navegación no está del todo clara. Sería necesario corregirlo ¿verdad?

Por eso es necesario que tengas presupuesto para ir realizando estas correcciones y ajustes, y no lanzar tu proyecto con el presupuesto justo.

Las objeciones y fricciones requieren de un análisis completo

Tienes que conocer a tu cliente objetivo, sus preocupaciones y necesidades. Así como sus capacidades.

Todo tiene que estar acorde a tu producto o servicio. Si es

necesario elegir cierto número de opciones, que sea de la forma más sencilla posible. Si hay posibilidad de elegir entre varias alternativas, también explica las diferencias. Si el producto sirve para unas cosas y no otras, que quede claro.

Todo esto te ayudará a más tarde poder preparar una estrategia que realmente te ayude a conseguir clientes.

Por ejemplo, durante mis años como director de marketing en una empresa de email marketing (Mailrelay.com) ofrecíamos una cuenta gratuita. Sin limitaciones, gratuita de verdad.

Sin embargo, no todo el mundo se registraba, como era de esperar, y yo tenía interés en mejorar la conversión todo lo posible. Por lo que **hice muchos tests, algo importante, hasta dar con el problema de fondo.**

Una objeción principal de los futuros clientes:

- Aunque la herramienta fuese gratuita, si no sabían cómo redactar emails de venta, no podrían sacarle partido. No les servía para nada si no sabían redactar.

La realidad es que aunque la herramienta fuese gratuita, debían de invertir tiempo, y si al final no le sacaban partido, sería tiempo perdido.

Eso los clientes lo percibían, y no estaban a dedicar tiempo, que podrían estar dedicando a otras cosas más rentables de su negocio.

La solución fue incluir plantillas de texto pre-redactadas, para esos usuarios con menos experiencia. Esto ayudó mucho a conseguir más conversiones.

Y es justo lo que te comentaba, es necesario conocer a tu

cliente objetivo y cuáles son sus problemas, necesidades, pero también las limitaciones, o hasta donde están dispuestos a llegar.

Este tipo de acciones son importantes

Se pierden muchas oportunidades de negocio, muchas ventas, con las objeciones. Por eso sería interesante que las analicemos desde la perspectiva del cliente. Aunque sean cosas que para nosotros no tengan importancia, si para los clientes sí, eso es lo que debemos de pensar.

Cuando planifiques tu estrategia de marketing, hazlo de forma que des respuesta a las objeciones.

18 PROPUESTA DE VENTA Y SLOGAN

Según resumo en un artículo de mi blog, la propuesta única de venta sería: *"la representación breve, concisa y directa de aquello que ofrece la empresa al cliente potencial"*.

Justo eso.

Imagina que quieres contarle a alguien, a tu cliente potencial, en 10 – 15 palabras:

- Qué es tu producto o servicio
- Qué hace, para qué sirve
- Qué lo hace especial y diferente a la competencia
- Qué va a ganar si lo utiliza

Toda esta información condensada en un pequeño párrafo será la propuesta única de venta.

Y normalmente la utilizarás en sitios clave, como páginas de venta, la home de tu web, anuncios, banners.

El eslogan es diferente

El eslogan tiene algunas diferencias notables respecto de la propuesta de venta, porque básicamente no se utilizan para lo mismo.

De hecho, el eslogan no tiene porqué mencionar qué hace tu producto o servicio, qué lo hace diferente o qué gana el cliente por utilizarlo.

El eslogan puede ser una frase breve, de unas 3-5 palabras, no más, y está más relacionado con:

- La visión
- Y los valores

De la empresa. Por lo tanto el eslogan no es algo que varíe mucho, a no ser que cambien la visión y los valores de la empresa.

El eslogan tiene que empatizar con el cliente objetivo, llegar hasta lo más profundo de la motivación del cliente. Y por lo tanto, para que sea reconocible lo utilizarás en muchos medios, no solo publicitarios, si no en el propio producto, embalajes, merchandising, etc.

Los usos son diferentes. El eslogan es una herramienta de branding, de imagen de marca, que te ayudaría, si es reconocido, a diferenciarte de la competencia, a la vez que ayuda a que tus clientes se sientan parte de tu marca.

Que compartan los mismos valores y visión.

La propuesta de venta es más una herramienta de venta, cuyo objetivo es persuadir al cliente de efectuar la compra.

Una buena propuesta de venta

Te debe de ayudar a diferenciar tu producto de los competidores, destacando aquellos puntos fuertes de tu producto o servicio.

Por ejemplo:

- *"La mayor cuenta gratuita. Envía hasta 75.000 emails gratis al mes. Ahorra y vende más".*

Esta propuesta de venta, de Mailrelay.com, es breve, aprovecha las diferencias del servicio con la competencia, además de dejar claro el beneficio directo para el cliente potencial.

Es fácil de recordar, con lo que es bastante posible que sea tenida en cuenta en las posibles comparaciones que los clientes potenciales hagan de otros productos o servicios competidores.

La propuesta de venta está además dirigida a las necesidades del cliente potencial, para ser efectiva.

Antes de lanzar tú negocio

Es recomendable que definas la que será tu propuesta de venta. Esto no solo te será útil de cara a las ventas de tu producto o servicio, sino que además te permitirá "conocer" cómo se relaciona tu producto con el cliente objetivo.

El eslogan también te puede ser útil, dependiendo de tu estrategia de marketing, aunque no es necesario para todas las empresas, de hecho muchas no lo utilizan.

La propuesta única de venta sí es importante, muy

importante, porque como comentamos antes, es algo que pondrás en tu web, páginas de venta, etc.

Recuerda que debe ser:

- Breve y concisa
- Fácil de comprender y recordar
- Relacionada con la necesidad del cliente
- Centrada en un punto clave
- Y capaz de transmitir el beneficio que recibe el cliente

Prueba varias versiones hasta que des con una que cumple todos estos puntos, o la mayoría de ellos. Intentando siempre no ocupar más de un par de líneas para que se pueda leer de forma rápida.

Una buena propuesta de venta, utilizada en tu página de venta, puede ser la diferencia entre un muy buen volumen de conversión, y uno malo.

En última instancia afecta mucho a tu negocio, y como es algo en lo que solo has de dedicar tiempo, no hacerlo bien no tiene mucha justificación.

19 ESTRATEGIA DE VIRALIZACIÓN Y FIDELIZACIÓN

En gran número de ocasiones el éxito de un nuevo negocio va a depender de que este sea capaz de conseguir:

- Suficiente visibilidad
- Y una masa mínima de clientes
- A ser posible clientes recurrentes

Aunque eso es algo que debes planificar en tu plan de marketing, hay algunos conceptos que me gustaría comentar en este libro, pues son esenciales para el futuro de tu idea de negocio.

Vamos a verlos.

El precio

Ya hemos hablado del precio en capítulos anteriores, es una herramienta de marketing muy interesante.

Y por eso cuando vas a lanzar tu negocio debes valorar diversas estrategias de precio, sobre todo por lo que comentábamos antes, la necesidad de **conseguir una masa crítica de clientes que asegure la continuidad del negocio.**

Una buena estrategia de precio puede ayudarte a conseguirlo. Por supuesto debe ajustarse a tu tipo de producto / servicio y público objetivo.

Así, si tu producto se dirige a un mercado de lujo, quizá no tiene mucho sentido lanzarlo con 15% de descuento, pues los clientes no lo valorarían como un producto de lujo.

En algunos casos el descuento será útil y en otros no.

Tienes más estrategias a tu alcance:

- Periodos de prueba
- Modelos de negocio freemium
- Demostraciones
- Etc.

Incluso puedes seguir estrategias de paquetización, es decir que el cliente pueda elegir un producto con un precio "base", y luego ir añadiendo funcionalidades, o extras.

Esta estrategia tiene la ventaja de que el cliente ya ha iniciado el proceso de compra, y es más fácil que, ya que ha decidido comprar, esté más dispuesto/a a añadir las funcionalidades o características extra "por un poco más". Porque los añadidos no suponen una diferencia grande, una vez que ya se ha decidido a comprar.

Como ves hay muchas posibles estrategias de precio, recuerda que principalmente te interesará utilizar el precio para:

- Captar nuevos clientes, convencerles de comprar,

es decir, mostrar una solución justa a su problema o necesidad
- Viralizar tu producto
- Fidelizar a los clientes

> Imagina que tu producto tiene la misma funcionalidad que otros, pero es un 5% más barato ¿no crees que es más probable que compren el tuyo? Pero, quizá solo es 5% más barato durante los primeros dos meses, para conseguir los primeros clientes, luego será solo un 2% más barato, y luego ya tendrá un precio igual. Pero habrás conseguido una base de clientes.

En cuanto al tema de la fidelización, el precio es muy útil. Veamos cómo.

Fidelización

Gracias al precio, puedes convencer a tus clientes de que sigan utilizando tus productos o servicios en lugar de los de la competencia.

Lo primero en lo que pensamos muchas veces es que si nuestros precios son inferiores, es más posible que los clientes elijan nuestros productos.

Pero eso no quiere decir que siempre tengas que fijar precios inferiores a los competidores.

Tu producto o servicio puede tener el precio que hayas determinado oportuno y **ofrecer descuentos a tus mejores clientes.**

U ofrecer descuentos de forma puntual.

Incluso en el caso de servicios o productos con modelos de suscripción puedes:

- Incentivar con descuentos a los clientes que lleven más tiempo
- U ofrecer descuentos a los clientes que vayan a cancelar

Hay muchas formas de trabajar la fidelización a través del precio. Pero hay más, con el precio podemos trabajar la

Viralización

En mi opinión este es de los aspectos más importantes para un nuevo negocio online. Conseguir un volumen grande de clientes.

El precio puede ser muy útil para esto, o mejor dicho, los posibles "ajustes" que pueda efectuar en el precio.

Hay acciones clásicas que seguro conoces, como "trae un amigo y ambos recibís un descuento".

De esta hay múltiples variantes.

En Mailrelay teníamos una cuenta gratuita, que se podía ampliar si el cliente seguía nuestras cuentas de redes sociales. Sin más. El cliente obtenía un ahorro económico y Mailrelay obtenía visibilidad.

Estas estrategias lo que buscan es obtener un alcance y una visibilidad que de otra forma no serían posibles o requerirían de una inversión económica mucho mayor.

Para conseguirlo será necesario:

- Establecer los medios para que los clientes compartan o difundan el producto o servicio.
- Un elemento motivador, descuento, para que lo hagan.

También puedes trabajar esto con la curiosidad y la limitación de oportunidades.

> Ponte por caso un nuevo producto, mejor que los competidores, y más barato. Pero solo habrá 100 unidades disponibles ¿eso no daría de que hablar?

Bien, en el siguiente capítulo haremos alguna puntualización sobre la viralización, porque es muy importante. No olvides eso sí, que el precio es un gran motivador tanto para la fidelización como para la viralización.

Calcula bien el incentivo económico que puedes ofrecer, para que no te haga perder dinero (si no es eso lo que quieres), y a la vez sea efectivo.

Será una herramienta de marketing muy útil. Recuerda que para que tu futuro negocio sea exitoso tendrás que hacerte con una base de clientes lo antes posible. Si pasa el tiempo y no consigues los clientes suficientes para mantener tu negocio, es cuando habrá problemas.

20 VIRALIZACIÓN

Si hago tanto énfasis en la idea de viralización de tu futuro negocio es porque sinceramente opino que es algo muy importante. Que puede representar la diferencia entre llegar a disponer de un negocio rentable, o no.

Fíjate, un nuevo negocio es muy posible que se encuentre con dificultades a la hora de conseguir clientes dado que debe:

- Llegar a los clientes potenciales.
- Y convencerles de que es una alternativa mejor que lo ya existente.

Algo que no es tan fácil de hacer como de decir. Sin embargo, vale mucho la pena trabajar en pos de esta viralización, pues de esa forma podemos conseguir que cada cliente nos ayude a llegar a más, con la ventaja que conlleva.

Además en algunos casos, las estrategias que puedes utilizar tendrán el aspecto de una recomendación por parte de la persona que la realiza.

El boca a boca, digital o no, puede ser muy convincente.

Veamos algunas de esas estrategias.

Embalaje / Packaging

En el caso de productos físicos, un buen embalaje y detalles cuidados en el paquete de entrega ayudan mucho. Piensa que la experiencia de compra es mucho más que solo el producto que el cliente compra. Es disfrutar de la compra, la anticipación de recibir el producto, la sensación de logro en algunos casos.

El momento en que recibe el pedido es muy importante, y si encuentra algún detalle, aunque sea una simple nota redactada a mano, le resultará muy agradable.

Cualquier detalle inesperado, como una muestra gratuita, un marca páginas, un posavasos, etc. Puede hacer que la persona que abre el paquete se lleve una pequeña sorpresa. Que se sienta un poquito especial en algunos casos.

Incluso un descuento para una futura compra puede ser muy interesante, como comentábamos en el capítulo anterior. Para ayudar a que el cliente se plantee volver a comprar en el futuro.

Estos elementos buscan conseguir que los clientes hablen con sus conocidos de tu producto o servicio. Que lo recomienden como una buena experiencia de compra.

Cuenta freemium

Muchas aplicaciones online de tipo SaaS utilizan el modelo freemium por varios motivos, entre esos motivos está el facilitar el acceso de nuevos clientes a la herramienta o aplicación.

Sin embargo esto por sí solo no es suficiente para que se viralice, pues a día de hoy es ya algo muy frecuente. Está presente en muchas herramientas.

Si la herramienta es realmente buena, es posible que consiga difusión, sobre todo si la gente se ahorra dinero con su uso.

En cualquier caso, es mejor que intentes ofrecer los medios para que los usuarios compartan la herramienta ellos mismos. Es decir, sí, la herramienta se ofrece de forma gratuita, pero que hagan algo a cambio. Dejar una recomendación, compartir en sus redes sociales. Algo que también sea beneficioso para la empresa.

En caso de ser posible, con algún incentivo.

Gamificación

Hay muchas estrategias que permiten la gamificación, tanto para productos físicos como digitales.

Seguro que te suenan las típicas tarjetas de fidelización, en las que te van cuñando cada compra y te ofrecen algún tipo de regalo o descuento al completarlas.

O los sorteos.

En aplicaciones online es posible desarrollar una estrategia que vaya mostrando acciones a completar.

La verdad es que aunque hay muchas herramientas de gamificación, y ayudarían tanto a la viralización como a la diferenciación, su uso no parece estar muy extendido en muchos sectores. Al menos todavía.

Y debido precisamente a eso puede resultar una alternativa muy interesante.

Imagina el supuesto de que tu idea de negocio sea una aplicación online de envío de mailings, por ejemplo.

Tras lanzar tu negocio detectas que el grade de abandono es alto al principio, en los primeros días, pero si los usuarios utilizan la herramienta durante un par de semanas se aprecia una estabilización, y utilizan la aplicación durante meses.

En este caso podrías establecer que completando una pequeña acción diaria durante un par de semanas consiguiera algún tipo de descuento.

Valorando siempre lo que ganas con cada cliente.

Esta sería una forma de crear un hábito en el cliente, y sobre todo darle tiempo a familiarizarse con la aplicación, que vaya viendo resultados. Hasta que sepa manejarla.

Diseño

Un diseño de calidad y diferenciador puede ser también un factor de viralización.

> Seguro que en alguna ocasión te han recomendado un producto basándose solamente en su diseño muy bien cuidado o excepcional ¿a qué sí?

Por supuesto esto es algo que no encaja con todos los productos o servicios, tienes que considerar muchos aspectos, como el precio, público objetivo, competidores, etc.

Superar las expectativas

En cualquier ámbito del producto, ya sean eficacia, durabilidad, incluso en el soporte cuando haya algún problema.

Seguro que si revisas los productos o servicios más exitosos, observarás que muchos de ellos destacan en algún apartado sobre los productos competidores.

Y eso hace que la gente hable de esos productos.

Viralidad y tracción

Son dos conceptos muy importantes para un nuevo negocio.

La viralidad es la capacidad que tiene tu negocio de llegar a más clientes de forma exponencial, sin incrementar la inversión en marketing.

Y la tracción la facilidad con la que alcanzar nuevos clientes se retroalimenta y ayuda a conseguir más. Ya sea a través del boca a boca, recomendaciones, etc.

Conseguir ambas cosas ayudará mucho a tu futuro negocio, sobre todo en relación a la viabilidad del mismo.

Estudia bien si alguna de las opciones que hemos comentado encajaría con tu idea de negocio.

21 CONCLUSIÓN FINAL DEL BLOQUE

En este bloque hemos visto una serie de conceptos que considero importantes para el éxito de tu idea de negocio, y sin duda te ayudarán a desarrollar tu plan de marketing una vez tomes la decisión de lanzar tu negocio.

Creo que no debes pasar por alto, sobre todo, el tema del **presupuesto para marketing. Es imposible trabajar en tu futuro negocio sin eso.**

Calcúlalo bien, pues cuando estés gestionando tu negocio tendrás muchas otras preocupaciones, lo último que querrás será añadir la preocupación de no disponer de presupuesto para marketing.

Porque eso limitará tu capacidad de vender.

Analiza también las posibles barrearas de salida que existan en los productos y servicios de la competencia.

¿Por qué tus clientes preferirían seguir utilizándolos?

Puede que existan muchos motivos, que harías bien en ir

conociendo, pero **además es posible que perciban lo que pueden perder con el cambio.**

O los costes ocultos que pueda haber.

Eso debes saberlo, para poder generar las respuestas necesarias para tus clientes. Y generar campañas de marketing convincentes y persuasivas.

Habrá en el proceso de compra:

- Objeciones
- Y fricciones

Que como hemos visto afectan a la percepción que el cliente va a tener de tu producto o servicio. Pero que conociendo puedes responder, reducir o reconducir.

La propuesta de venta

No lances tu página web sin tener una buena propuesta de venta. Es algo que te ayudará no solo a diferenciarte de la competencia, sino a vender más. Eso es lo más importante.

Solo son palabras sí. Pero las palabras vender, no lo olvides.

A la propuesta de venta puedes sacarle mucho partido, dedícale el esfuerzo necesario.

Y por último.

La viralización

Busca alguna forma en que puedas Viralizar tu negocio. Eso te ayudará mucho más de lo que puedas llegar a imagen. Puede ser la diferencia entre el éxito y el fracaso. Te lo digo por experiencia.

¿Qué cosas te pueden dar problemas?

Lo más preocupante en mi opinión sería el presupuesto para marketing, la falta del mismo va a perjudicar bastante.

> **El resto de cosas las puedes estudiar y analizar sobre la marcha si es necesario, incluso corregirlas más adelante.**

Sin embargo la falta de presupuesto para marketing suele tener mala solución. Ten cuidado con eso pues puede perjudicar mucho al futuro de tu negocio.

22 LOS PUNTOS CLAVE

Si has de quedarte con algo de todo este libro, para valorar la viabilidad de tu idea de negocio, que sea con los siguientes puntos.

Bien, aunque creo que todo lo que hemos visto en este libro es muy importante para valorar tu idea de negocio, hay algunos conceptos que me gustaría destacar como esenciales. O por lo menos que no te olvides de ellos.

No hay nada seguro, eso está claro, pero creo firmemente que cumplir bastantes de estos puntos ayuda a la viabilidad del negocio.

Para mí serían estos:

1) La diferenciación

Que tu producto o servicio disponga de un elemento diferenciador con los competidores sin duda ayuda, y bastante, a su comercialización con éxito.

Si en tu idea de negocio detectas ese elemento diferenciador, mejor que mejor. De esa forma las campañas de marketing que realices serán mucho más efectivas. Tus clientes potenciales van a poder valorar que tu producto aporta algo diferente, y va a ser más fácil que, como mínimo, llegue a la fase de comparación.

¿No disponer de un elemento diferenciador es un problema? En mi opinión sí, igual que si el diferencial es algo objetivo como "nuestro producto es mejor", eso, no suele servir.

Busca un diferencial que te permita sacarle partido a tu producto, ayudará.

2) El mercado y su posible evolución

Busca en tu mercado objetivo las señales que indiquen que será un mercado rentable.

Que no esté en recesión, sea muy voluble, excesivamente regulado o saturado de competidores.

Estos factores quizá no deban tirarte para atrás en cuanto a tu intención de llevar a cabo tu idea de negocio, pero sí es importante que sepas cómo te condicionarán.

Si vas a necesitar una inversión económica mayor, si has de contar con la aparición de nuevos competidores en cualquier momento, etc.

O incluso si es probable que las leyes que lo regulan cambien con frecuencia.

Como te decía, es improbable que por malo que sea el

mercado objetivo desistas de llevar a cabo tu idea de negocio.

Es normal, pues estarás viendo los aspectos diferenciadores de tu idea que pueden hacerte llegar al éxito.

Sea como sea, estudia cómo te afecta la situación del mercado, y si hay algún nicho de mercado que te podría resultar especialmente interesante.

3) Capacidad de reacción

Otro concepto importante, y que hace referencia a varios aspectos:

- Tu capacidad de adaptar / modificar tu producto o servicio posteriormente a lanzarlo. Porque se haga necesario por cambios en el mercado, valoraciones u opiniones de los clientes, competencia, etc.
- También a tu capacidad de gestión si el volumen de negocio crece o decrece.
- O si se hace necesario invertir más dinero en marketing.

Es decir, una vez lances tu idea de negocio, y se convierta en un negocio real:

¿Qué capacidad tienes de ir solucionando los problemas que aparezcan?

Obviamente las expectativas de éxito serán mucho mayores cuanto mayor sea tu capacidad de reacción a los cambios y problemas.

Por eso comentábamos hace una serie de capítulos lo importante que es que dispongas de un presupuesto que te permita hacer frente a los imprevistos que vayan surgiendo.

Simplemente es necesario. Además está relacionado con la capacidad de

4) Alcanzar una cuota de mercado mínima suficiente

Es decir alcanzar el mínimo de clientes que te permitan pagar los gastos que has calculado. Esto muchas veces va a depender de que puedas desarrollar una estrategia de marketing efectiva. Por eso es tan importante el presupuesto para marketing.

Cuando tienes un nuevo negocio tu primer trabajo será conseguir clientes, porque sin eso la viabilidad no es posible.

Por eso es importante conocer tu capacidad de alcanzar una cuota de mercado mínima. Esto en parte tiene relación con:

- Tu presupuesto de marketing, que te permite invertir en acciones de marketing para conseguir visibilidad.
- La capacidad de conversión, de venter. Esto requerirá de optimizar tus páginas de venta.
- Y la capacidad de viralización, de llegar a un gran volumen de clientes con una inversión menor en comparación.

Plantéate si con esto que tienes a tu disposición podrías llegar a controlar una porción de tu mercado objetivo.

En los mercados con un volumen de competencia mayor será más difícil, por eso ten en cuenta también la acción de la competencia. Sobre todo si es un sector muy activo a nivel de competidores.

> Si no eres capaz de alcanzar una cuota de mercado suficiente en un corto plazo, tendrás que contar con una cantidad de dinero que te permita seguir operando mientras tanto.

5) Escalabilidad

Comenzar un negocio que no tiene capacidad para crecer puede que no te importe, de hecho puede ser justo lo que quieres.

Pero piénsalo bien, que sea como tú quieres realmente.

Un negocio no escalable puede ser uno en el que tú seas el único empleado/a y te dediques a hacer aquello que te gusta, por tu cuenta.

Sin embargo, si algún día decidieras que ha llegado el momento de crecer **¿qué pasaría?**

¿Tendrías la posibilidad de hacer crecer tu negocio si lo deseases? Y ¿será rentable si lo haces crecer?

> **Los negocios con una mayor capacidad de escalabilidad suelen ser los más rentables.**

Plantéate desde el principio qué es lo que quieres, pues muchos negocios se ven luego atrapados en una situación en la que apenas son rentables, y tampoco tienen una capacidad real de crecer.

E incluso en el caso de crecer, seguirían sin ser rentables.

Estudia bien todo lo que hemos visto en el libro para que

eso no te pase.

Esto guarda relación con el

6) Margen de beneficios

Calcular tu margen de beneficios es muy importante, es necesario que sepas cuanto vas a ganar después de descontar los costes de producción, alquileres, sueldos, etc.

En definitiva, cuanto ganas con cada venta.

Creo que es muy importante que sepas este dato por varios motivos. Por un lado, es básico para conocer la viabilidad de tu idea de negocio, porque necesitarás saber cuánto dinero tienes que conseguir para seguir manteniendo tu negocio.

Y para calcularlo bien tienes que saber:

- Cuanto ganas con cada venta
- Cuantas ventas necesitas

Además esta información te servirá de cara a realizar tu plan de marketing.

Porque será necesario saber, cuando inviertas en marketing, el retorno que consigues. Si tú gastas más en obtener un cliente que el beneficio que obtienes del mismo, la situación no será sostenible durante mucho tiempo, o al menos no de forma indefinida.

Por todo esto es importante que calcules tu margen de beneficios.

7) Capacidad de cambio

Por último considera si te sería posible, en un momento dado, cambiar tu negocio prácticamente de forma completa, para producir otra cosa o dar otro servicio.

De hecho muchos negocios cambian su producto, o modelo de negocio para adaptarse al mercado.

¿Podría tu negocio hacer eso?

Estos siete puntos

Son muy importantes para la viabilidad de tu futuro negocio. Si hasta ahora no tenías claro si seguir adelante con tu idea de negocio, o no hacerlo, utiliza estos puntos para tomar la decisión. Deberían de poder ayudarte.

23 OTRO LIBRO DE INTERÉS

Antes de finalizar, me gustaría recomendarte otro de mis libros **"Textos de venta más efectivos"**. Este libro te ayudará a saber cómo redactar textos de venta efectivos, ya sea para desarrollar tu propuesta de venta, anuncios, páginas de venta, etc.

Con un estilo similar a este libro, encontrarás una guía paso a paso, con ejemplos constantes, para que sepas perfectamente, aunque no tengas experiencia, cómo debes redactar los textos de venta.

Es sin duda el libro perfecto para leer a continuación, para dar los primeros pasos cuando ya estés implementando tu idea de negocio, pues necesitarás una web, y campañas de marketing.

Necesario para empezar a vender:

Tu idea de negocio

https://www.amazon.es/dp/B08DP2FSGX

AGRADECIMIENTOS Y MIS MEJORES DESEOS

Antes de terminar me gustaría darte las gracias por haber comprado (y leído) este libro.

He intentado que sea lo más útil y sencillo posible, basándome en mi experiencia de proyectos propios, y de personas a las que he asesorado.

Como te decía, he querido mantenerlo sencillo, que te sirva de base para valorar tu idea de negocio. **Para que puedas tomar la decisión cuanto antes.** Y que esta decisión sea lo más acertada posible.

Está claro que no hay nada seguro, pero sinceramente espero que esta guía te ayude. **Y de hecho te deseo el máximo éxito al llevar a la práctica tu idea de negocio.**

Te agradecería también que me dejases algún comentario sobre el libro, para que sepa qué es lo que más te ha gustado, o qué cosas más te gustaría haber encontrado.

Tu idea de negocio

Lo dicho ¡mis mejores deseos para tu negocio!

ACERCA DEL AUTOR

Jose Argudo Blanco ha trabajado como encargado de marketing online para mailrelay.com desde hace más de 9 años. Durante este tiempo ha trabajado en la redacción de los contenidos del blog, gestión de campañas de Google Ads, así como en la redacción de páginas de ventas y anuncios de todo tipo.

Anteriormente trabajó asesorando en marketing online a diversas empresas y gestionando sus campañas de marketing online.

De forma habitual publica contenidos sobre marketing en su web personal joseargudo.com en donde puedes encontrar contenidos complementarios a los que has podido ver en este libro. Si has comprado el libro, visita la web joseargudo.com y deja un comentario, te estará agradecido de conocer tu opinión.

www.ingramcontent.com/pod-product-compliance
Lightning Source LLC
Chambersburg PA
CBHW020652220526
45464CB00001B/401